本书得到 2024 年河北师范大学科技类研究基金学术著作出版基金支持，
项目批准号：L2024C04

新赛道上的中国汽车

新能源汽车

陈立辉 著

天津出版传媒集团
天津科学技术出版社

图书在版编目(CIP)数据

新赛道上的中国汽车：新能源汽车 / 陈立辉著. --
天津：天津科学技术出版社, 2024.5
ISBN 978-7-5742-2167-3

Ⅰ. ①新… Ⅱ. ①陈… Ⅲ. ①新能源 - 汽车 - 工业发展 - 研究 - 中国 Ⅳ. ①F426.471

中国国家版本馆CIP数据核字(2024)第106361号

新赛道上的中国汽车：新能源汽车
XINSAIDAO SHANG DE ZHONGGUO QICHE : XINNENGYUAN QICHE

责任编辑：刘　鸫
责任印制：兰　毅
出　　版：天津出版传媒集团 / 天津科学技术出版社
地　　址：天津市和平区西康路35号
邮　　编：300051
电　　话：（022）23332377
网　　址：www.tjkjcbs.com.cn
发　　行：新华书店经销
印　　刷：河北万卷印刷有限公司

开本 710 × 1000　1/16　印张 15　字数 214 000
2024年5月第1版第1次印刷
定价：88.00元

前言

preface

远古时代的人们要搬运东西或者打猎，得靠自己的双腿行走，那可是一项体力活啊！起初，他们只能靠背着、肩膀扛着或者用手提、臂抱的方式来搬运东西，后来发展到用绳子拖拉的方法，再后来用上了所谓的滑橇。在公元前 3500 年左右，轮子诞生了！学术界普遍认为轮子最早出现在美索不达米亚地区，就是现在的两河流域，然后才传播到全世界。

最初的车轮是没有辐条的圆盘，就像个大大的圆饼！在中国古代，这种圆盘式车轮叫作“辁”。有了这样的轮子，才有了制造车辆的可能性。可以说，轮子的发明是人类历史上的重要突破啊！从此以后，人们可以更轻松地搬运货物、旅行和交流了，再也不用一步一步地挪动东西了。人们只需要推着车轮滑行就行了，双腿就被解放出来了。

我国是世界上较早发明和使用车的国家之一。《续汉书 · 舆服志》载：“上古圣人，见转蓬始知为轮。”这说的是黄帝，看到“转蓬”——草帽随风飘浮转动，因而发明了车轮。车的发明，关键在于车轮被发现。从商周到秦汉，车主要用于军事，汉朝以后才开始主要用于“经济建设”，直到明清，我国的车的动力，主要还是骡马这些“生物能源”。

1885 年，德国人本茨和戴姆勒分别研制成功以内燃机为动力的汽车。由此，本茨和戴姆勒被世人尊称为“汽车之父”。

我国汽车工业的发展经历了思想启蒙、创建、成长、全面发展和高速增长五个阶段。1949 年前中国的汽车工业一直处于装配和仿造阶段，直到中华人民共和国成立后，我国的汽车工业迎来了快速发展的时期。

1956 年 7 月 13 日，长春第一汽车制造厂（现为中国第一汽车集团有限公司，简称一汽）成功生产出第一辆“解放”牌载货汽车，这标志着中国汽车工业摆脱了不能生产汽车的历史。紧接着，1958 年 5 月 5 日，第一辆“东风”牌轿车试制成功。同年，南京汽车制造厂（现为南京汽车集团有限公司）成为中央直属的第二家汽车生产企业。

1980 年后，在改革开放方针指引下，汽车品种、质量和生产能力大幅提高。从 1999 年到今天，汽车工业变成大集团规模化、集约化产业新格局，中国这个世界第一大汽车生产国，已经成为世界汽车工业的重要组成部分。

进入 21 世纪以来，中国汽车工业迎来了一个“换道超车”的机遇。在国家政策的扶持，以及科技工作者的不懈努力下，中国新能源汽车产业迅猛发展。借助互联网 + 和新能源汽车产业的发展势头，一大批新兴车企涌现出来，就像雨后春笋一样遍地开花。车联网、自动驾驶、产业数字化、人机交互界面优化等新技术不断涌现，为汽车的升级换代注入了新的活力。

根据 2022 年“世界新能源汽车大会”的评选结果，中国车企在全球新能源汽车领域的“八项前沿技术”和“八项面向量产应用的创新技术”中都取得了显著成就。这些领域包括动力电池、燃料电池、电驱动系统、轻量化、自动驾驶芯片以及整车平台。最新标志性成果如下：性能超过 100TOPS 的车规级计算芯片已实现量产应用；第三代半导体电机控制器已有多家车企开始量产；高比能动力电池的能量密度达到 300 瓦时 / 千克，且该类电池已应用于车辆；商用车领域多场景开始应用长寿命燃料电池系统；专用平台上纯电动乘用车市场占有率超过 65%；国产高性能纯电动乘用车采用 800 伏电压的平台；智能热管理技术大幅提高了新能源汽车低温适应性；域控制器技术实现了从单域控制向跨域融合的突破；整车信息安全防护技术由边界防御向主动纵深防御跃升；混合动力专用变速箱（Dedicated Hybrid Transmission, DHT）的装车规模也取得了令人瞩目的成就。2023 年是新能源汽车百花齐放、百家争鸣的一年，中国新能源汽车内修品牌和产品的差异化，外修对人群的前瞻性精准洞察和营销效能的创新探索，在高科技加持下在格局重塑的赛道上所向披靡。

中国新能源汽车已经取得许多世界领先的成就。在科技创新下的世界新赛道上，中国车企在海外设立工厂，建立研发中心，组建实力强劲的研发团队，随着中国在新能源汽车领域的优势和庞大市场的支持，中国在高端汽车市场中的份额正在逐年增加。

中国汽车行业正在认真地进军全球市场！

目录 contents

从扬鞭催马到
世界第一辆汽车

古人如何行走迁徙

几百万年前，生活在树上的古猿，手脚并用地抓果子、摘嫩叶，但树上的食物无法满足他们的需求，于是他们下到地面上直立生活。然而，地面上却充满了危险，要想避免成为猛兽的美餐，他们只能拼命奔跑了。而如果想吃肉，他们就得学会瞄准猎物，展开一场生死追逐。远古时代人们转山打猎全靠双腿双脚，如图 1-1 所示。

图 1-1　远古时代人们转山打猎

这需要速度，但远古时期，无论是行走还是迁徙，只能靠双脚。他们用双脚迁徙于大山、沙漠、海岸、丛林之间。

远在 6000 年前的阿拉伯半岛两河流域南端的波斯湾口一带（今科威特及邻近地区），一群苏美尔人拖拽着他们的收获，手脚并用艰难地前进。生产工具和“武器”有了改进，他们的收获越来越多，但运送到栖息地是一件头疼的事情。有人聪明地拿起一些粗壮的树枝，用藤蔓把它们扎在一起，弄成一块宽宽的木板。然后，他把一大堆收获的东西放在木板上，双手拉着两根长长的树枝，就像拖拉车一样，轻松地走着。哈哈，这样就省了好多力气！随着时间的推移，远古的智慧人类不断改良这个木板，开始在树枝上打孔、开槽，还装上一些固定货物的木桩和木板。这就是人类最早发明的装载交通工具，它后来被称为“拖橇”，像是小型的移动仓库！

这种“拖橇”（图 1–2），就像是一个没有轮子的拖车，使用起来无疑是很费力的。但不管怎么说，它比肩扛手提提高了效率。

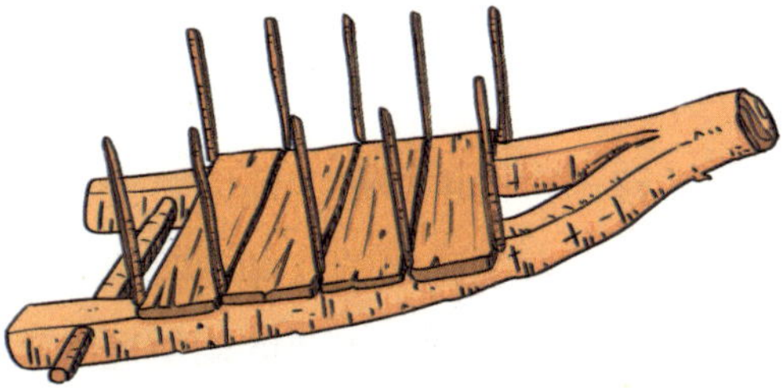

图 1–2　远古时代人们用树枝做成的拖橇

公元 8 世纪的北欧维京人，需要大量的木材造“船”，在伐木的过程中学会了顺着山坡滚动木料的方法。于是，人类开始利用圆木滚动的原理，来运输沉重的货物。不过，利用圆木滚动，最初有可能只是根据生活经验。

在中国，有“坎坎伐檀兮，置之河之干兮，河水清且涟猗……”

(《诗经·国风·魏风》)的诗句，这描写的是奴隶砍伐和运送木材的劳动场面。“坎坎”是伐木的声音，奴隶砍倒了树木，把它们堆放在河岸边，以利用水力将这些树木运走。由此看来，在没有车船的古代，“漂木”也是一种运载的方法。

在中国古代，尤其是川江地区，当地的居民面临频繁的洪水灾害，一些幸运的人在灾难中抓住了水中漂浮的树木得以生存，这使他们意识到树木在水中的浮力性质。

随着这种理解，他们开始尝试将树木作为一种工具用来穿越湍急的水域。随着时间的推进，他们发现如果将多根树木绑在一起，这样的“船”不仅浮力更大，稳定性也更好。

因此，他们创造了被称为“桴”的简单筏子，这被认为是水上交通工具的最初形式。这种筏子由几根捆在一起的树木构成，基本上是最早形式的木排。

由此可见，古人运送物品，最初主要靠背负肩扛或手提臂抱，进而采用绳曳法，后来利用所谓橇载法和滚木原理。人们期望着解放手脚，实现劳动的自由。

人们一直渴望快速移动和自由穿梭的能力。无论是中国古代神话中的哪吒脚踩风火轮，还是西方神话中的众神驾驶战车，都展现了人们对于快速移动物体的美好愿景。这种追求速度和便捷的欲望一直驱使着人们创造各种交通工具和技术，以实现解放和自由的愿望。

车轮的起源

人们还发现，穿山甲、球马陆等能缩成球体就势滚动，蜣螂（屎壳郎）也能推动粪球前行，这是车轮的原理吗？当然不是，没有轴的运动，那只能叫“滚”。但无论怎样，似乎“滚”看起来容易一些。

轮转工具的问世成为“车”出现的先决条件。中国的考古工作者在距今 7000 多年的浙江余姚河姆渡新石器时代早期的遗址中发现了它的踪迹——纺轮和陶车（浙江河姆渡文化遗址中发现的陶纺轮如图 1–3 所示），它们的出现，标志着陶车在当时已被普遍使用，技术也达到了相当高的水平。

图 1–3　浙江河姆渡文化遗址中发现的陶纺轮

车轮的最初形态源自陶艺制作中使用的陶轮。这种简易的陶轮由两个盘形轮子和一根垂直设置的轴构成。制陶师傅把一块柔软的陶土放在陶轮的中心，用手指或手掌轻压陶土，使其接触轮盘并保持稳定。

通过用脚踩动陶轮下面的轮盘，陶轮开始旋转。制陶师傅通过调整踩踏的力度和速率来控制陶轮的旋转速度和稳定性。制陶师傅用手操作上面的陶土，用脚控制下面的陶轮，陶土在这样的操控下逐渐形成各种形状（图 1–4）。

当作品形状和细节达到满意的状态时，制陶师傅停止陶轮的旋转。制成的陶器会被谨慎地从陶轮上取下，并放置在合适的地方进行干燥和烧制等后续步骤。

图 1–4　陶轮

后来人们发现，将重物放在圆木下撬动，借其滚动可以更容易移动重物，或许这就是轮子的雏形，从此轮子就出现在了人类文明中。虽然历史上没有记录人们什么年代发明了木轮，但是，当这个发明轮子的人把“轮”安装在“轴”上时，人们就开始了利用轮子把一个物体从一个地方移动到另一个地方的活动。圆木与木橇的结合（图 1–5），应该说是“车”的雏形，将圆木装在木橇下面，圆木就是最原始的“车轮”。

图 1-5 古代埃及人使用木橇移动重物

轮是车的最重要部件。《周礼·考工记》云："察车自轮始"。据考证，美索不达米亚地区车轮大约出现于公元前3500年，把圆形的板（没有辐条）和轴牢牢地钉在一起，就成了当时的轮子。在公元前3000年左右，人们开始将轴装到手推车上（图1-6）。

图 1-6 在公元前3000年左右，人们开始将轴装到手推车

但是最初的车轮并不直接与车身相连。之后，装有轮辐的车轮开始出现。据说，就在那个时候，中亚地区已经开始使用带轮的车了。与此同时，文明发达的埃及仍将滚木作为轮子来拖运货物。

飞蓬转知独轮车

现在的人很难想象黄帝的独轮车是什么样子的。中国车应该是起源于这个传说。

黄帝，中国古代部落联盟首领，远古时的五帝之首。黄帝的称号是轩辕氏，“轩”“辕”是车的两个部件，轩辕氏的说法是纪念造车的人。至少，这个说法说明了黄帝跟车的发明有着极大的关系。黄帝对车辆的改进，在于车轮的发明。

据传说，黄帝的车是把车厢或者说车板直接装在动物身上，动物的腿，就发挥了车轮的功能。在传说里，黄帝把车板装在了熊的身上，因而黄帝又称作“有熊氏”。

有一次，突然遇大风。这一阵狂风把黄帝头上的大圆帽给吹飞了！他看着帽子在地上滚来滚去，却不倒下，突然有了个奇思妙想。他拿起一根树枝，扎成一个圆圈，放在地上推了一下，圆圈竟然滚了好远，然后才倒下。黄帝陷入了沉思。他决定用木头做一个轮子，在轮子上加木轴作支撑，并在轮子两边加上把手（图 1–7）。这样的轮子不仅不会斜倒，还能够轻松推着走。黄帝又在上面加了个架子，以方便放东西。这就是《淮南子》记载的黄帝“见飞蓬转而知为车”的故事。后来，仓颉给它起了个名字——“车”。独轮车——中华民族第一个地上运载工具，就这样诞生了。它是当今世界上车辆的前身之一。

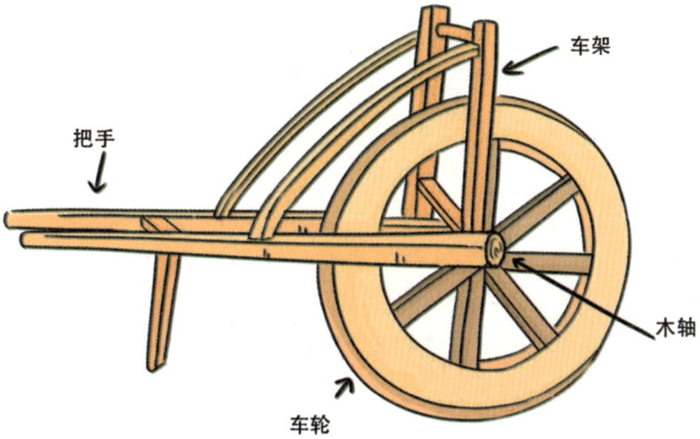

图 1–7　黄帝造车想象图

据历史记载，后来少昊氏给车加牛，奚仲（黄帝世孙，大禹时代人）给车加了马。于是有人推测黄帝那个没有轮的“车”，拉车的竟然是“熊大”！以后才有了“人力小推车”。

轮子从出现到现在，它的模样一直没有什么变化。今天我们看到的齿轮、滑轮等都是原来的木轮的“后代”。

“圆盘 + 木棍”机械思维的诞生

金属箍轴辐条

关于轮子起源的问题，学界主要存在两种理论。一种理论认为轮子最初在大约 5500 年前的美索不达米亚地区诞生，并通过贸易和文化交流逐渐扩散到世界其他地方。这个观点的理由是在该地区的考古遗址中发现了最早的轮子遗迹。

另一种理论则认为，轮子可能在全球各地独立地被人类发明出来。这是因为，尽管轮子的设计和制造方法在不同的文化和地理环境中可能有所不同，但轮子的基本概念相对简单，这使得不同地区的人类可能独立地发现和应用了轮子。

然而，确定轮子的确切起源是一项非常复杂的任务，因为最早的轮子通常是由易腐烂的有机物质制成的，这使得原始的证据难以保存下来。因此，我们现有的理解主要基于有限的物质证据和推测。关于轮子的起源，依然存在争议，并可能随着新的考古发现和研究方法的发展而有所改变。

不论轮子的具体起源如何，它确实对人类历史和文明产生了深远的影响。轮子的发明为交通和运输提供了一种高效便捷的方式，推动了人类社会的发展和进步。它不仅改变了人类的生活方式，还象征着人类的创造力和技术进步。

人是很聪明的，为了减少搬运过程的人力消耗、让圆木“保持”滚动的状态，人们想出了一种极具创造性的方法：使用石斧将圆木截短，在两段圆木中间凿一个洞，并在洞中穿过一根较细的木棍将它们连接起来。有了这种结构，在运输重物的过程中，不必前后移动圆木便可保持前进［图 1–8（a）］。

（a）“圆盘＋木棍”轮子　（b）套了“箍”的轮子

图 1–8　轮子图示

当时人们可能没想那么多，主观上也并未意识到这种结构将会给后世的交通运输带来怎样的改变，但事实上，这种“圆盘＋木棍”的组合已经为后人开拓了将机械思维引入交通工具的发展思路。

在最初的“圆盘＋木棍”的形态基础上，轮子的结构不断发展完善。人们注意到，当这种滚轮装运太重的物品时会被压裂，于是在轮子上套上了铜箍或铁箍［图 1–8（b）］。我国夏朝就出现了有辐条和轴承的轮子，这使轮子的稳定性进一步提高了。为了保护轮圈和辐条，商代中国人和古代埃及人又使用了轮辐和轮缘，这提高了轮子的耐用度（图 1–9）。

图 1–9 安阳殷墟遗址发现的商代独辀马车轮子上的“箍”

《史记》有云：“陆行乘车”。这说明早在大禹治水时，人们就能够在陆地上乘车“出行”了。在夏代还设有“车正”之职，他们专门管理车旅交通和车辆制造。

我国能够看到的最早的车辆实物可以追溯到商代晚期（约公元前 14 世纪）。在河南安阳殷墟遗址中考古学家共发现 18 辆古代车辆。商代的车辆通常为独轮马车，车轮上有 18 根辐条，车厢平面为长方形，面积相对较小，一般为 0.8 米 ×1.3 米，可供 2 ～ 3 人乘坐。这些马车一般以长约 1 米的直木棒为车辕，两侧各绑有人字形的轭，用于驾驭马匹。从大部分商代车马坑中埋葬有一辆车和两匹马来看，商代车辆多为双马驾辕。商代末期和周初期出现了四马驾车的情况。

由此可见，最晚至商代，我国古代造车技术已相当成熟，商代的车基本上具备了汉以前独辀车结构的大致轮廓（图 1–10）。

图 1-10　独辀车结构示意图

关于车轮的起源，有一种说法认为它是古巴比伦人所发明的，而最早的轮式车辆可能出现在欧洲。然而，对于轮子的起源，历史学界一直存在不同的观点和说法。毕竟，轮子这种被视为与火一样重要的发明，无论出现在哪个文明中，都是巨大的荣耀。认真地说，如果苏美尔人遗留在叙利亚遗迹中的车子（图 1-11）不算真正意义上的车子的话，那么车轮还真是黄帝发明的了！

图 1-11　距今 5000 年左右的叙利亚贝壳镶嵌画里的车

不过，本书并非考古专著，而是阐述人类在交通科技方面的不懈追求，是为了说明人类利用车轮滚动行进，可以减少车辆与地面的摩擦，节省人力，提高载重能力和长途运输的效率。车的问世，标志着古代交通工具的发展进入一个新的里程。

再以后，人们又发明了固定轴，车轴不转动，牢固地连接到车架上，轮子则安装在轮轴上，可以自由转动。这样的手推车使用起来更加稳定，也可以更好地转弯。到这个时候，轮子终于可以被认为是一项完整的发明了。

当人类开始学会用两个轮子，并学会将骆驼、马或牛等驯化动物作为动力挽车时（图 1-12），人类科技发展就进入了一个新的阶段。到现代，各式各样的车开始进入人们的生活。

图 1-12 古罗马的战车

我国古代的车

《周礼·考工记》中描述了制作车轮的过程："轮人为轮，斩三材必以其时。三材既具，巧者和之。毂也者，以为利转也。辐也者，以为直指也。牙也者，以为固抱也"。这说的是制作车轮时，砍伐用作毂、辐、牙的三种木材必须在适当的季节进行。当三种木材准备齐全后，技艺高超的工匠将它们巧妙地加工和组合为车轮。毂的设计要使其有利于车轮的转动；辐的作用是使其直指车轮中心；而牙的作用是使其稳固地抱紧辐条。这非常清楚地阐述了制作车轮的三个关键要点（图 1-13）。

图 1-13　周朝的车示意图

在我国的春秋战国时期，各种类型的车辆已经出现，大致可分为以下几类：天子和诸侯所乘的马车称为“辂车”；帝王和后妃所乘的车辆需要由人推挽，称为“辇”；大夫所乘的轻便马车称为“巢车”或“轩车”；使臣所乘的轻车有“輶轩车”和“轺车”之称；载送灵柩的四轮丧车称为“輀车”；可坐卧的车辆称为“辒辌车”；用于运送重物的车辆称为“辎车”；有遮蔽物的战车称为“軘车”；在四轮车上搭建木架，覆盖生牛皮，可容纳十人，用于攻城的车辆称为“轒辒车”；用于守城，装有两张弩且两张弩可连续发射，主要依靠人力推行并使用绞盘拉动弩弓的三轮车称为“连弩之车”。战国时期，人们还将马车的车厢改为正方形或长方形。

在商周时期，车辆通常采用单辕双轮的结构。直到汉代，人们才发明了双辕的车辆，这使得车辆的构造更加复杂，乘车的等级也更加严格。低级的官吏只能乘坐没有遮挡的车辆，而高级官吏则需要乘坐一种高大的棚车。贵族妇女则需要乘坐有布帘遮挡的车辆。如果车辆由四匹马拉动，那就意味着这是当时统治阶级乘坐的豪华车，也就是当时顶级的“驷马安车”（图 1–14）。

图 1–14 “驷马安车”示意图

那时，平民百姓只有坐牛车和“鹿车”（人力推挽的小车）的权利。

我国古代的车，还有几种需要交代一下。

指南车 [图 1–15（a）]，又称司南车，是中国古代用于指示方向的一种装置。它不依赖于磁性，通过齿轮传动来指示方向。指南车由人力驱动两个车轮行进，木制齿轮随之转动，传递转向时两个车轮的差动，带动车上的指向木人与车转向的方向相反但角度相同，使车上的木人指示方向。无论车辆转向何方，木人的手始终指向出发时设定的方向，“车虽回运而手常指南”。

记里鼓车 [图 1–15（b）]，又称记里车、大章车，是中国古代发明之一，是用来记录车辆行过距离的马车。它每行一里路，车里的机械人敲鼓一下，每行十里则敲打铃铛一次。该车连足轮在内共 8 轮，其中 6 个齿轮构成一套 1% 和 1‰ 的减速齿轮系。在天子出巡的仪仗队列中，记里鼓车排列第二，仅次于指南车；其后还有各种仪仗车，如白鹭车、鸾旗车、耕根车、四望车、羊车、画轮车、鼓吹车、象车、豹尾车等。

（a）指南车

（b）记里鼓车

图 1-15　指南车和记里鼓车示意图

辎，是古代一种有帷盖的大车，也叫作“辎车”。它主要用来载运辎重物品，人们也可在车内休息。《字林》云：“辎，载衣物车，前后皆蔽，若今库车有邸曰辎，无邸曰軿，軿车有衣蔽，无后辕，其有后辕者，谓之辎也”。这说的是，辎是一种载衣物的车，车前后都有帷幔，类似于库车中的邸。若车没有邸，则称为軿车，軿车有帷幔覆盖，但没有后辕。若軿车有后辕，则称为辎车。如此说来，当年诸葛亮发明的“木牛”（图 1-16）、“流马”，都是具有辎车功能的运输工具。

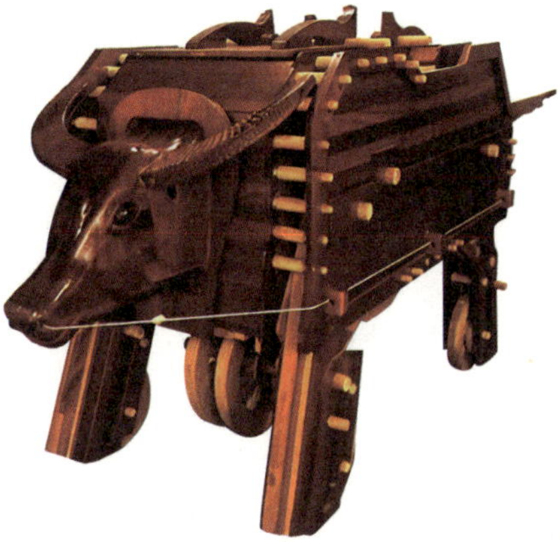

图 1-16　诸葛亮发明的“木牛”车

随着钢铁、橡胶等材料的出现，轮子经历了材质的变化，并衍生出适应不同应用场景的各种类型。如今，各式各样的轮子与交通工具结合，让我们能够“上天、入地、下海”。更重要的是，借助日益发达的交通工具，人类能够跨越地域限制，探索未知而广阔的世界。这一切的辉煌后续，都源于远古人类在发明轮子方面迈出的关键一步，它让我们能够不断前进，开启新的故事。

当轮子已然准备就绪，一个由车开启的全新的交通发展阶段就到来了……

世界第一辆汽车的诞生

根据《欧洲天文学手稿》的记载，1672 年，那还是中国的清朝时期，传教士费迪南德 • 韦尔比斯特为康熙皇帝制造了一辆利用蒸汽驱动的玩具汽车（图 1–17）。这辆小巧玲珑的汽车装满一堆煤后能够自动行驶一个多小时，被认为是世界上第一辆依靠自制动力驱动的汽车，其发明堪称惊世骇俗。因此，有人认为世界上第一辆汽车诞生于中国。

图 1–17　费迪南德 · 韦尔比斯特为康熙皇帝制造的玩具汽车

这种说法不免有些牵强，因为这辆汽车的体积很小（车长只有65厘米），且不能载人。虽然这辆“汽车”具备一些现代汽车的元素，但它的一些基本特点很不完善，更谈不上进行道路试驾。因此，该汽车是否能够被认为是世界上第一辆真正意义上的汽车还存在争议。

不过，从汽车发明的角度来看，传教士费迪南德•韦尔比斯特的尝试无疑是一个伟大的发明，这一创新为汽车的发展奠定了基础，为后来的汽车发明提供了重要的启示和参考。

历史的长河流到1886年。

这一年的1月29日，是法国著名作家、思想家、音乐评论家、社会活动家罗曼·罗兰20岁生日，是他准备报考巴黎高等师范学校的日子。

这一年的1月29日，是俄国人安东·巴甫洛维奇·契诃夫26岁生日，是他灵感爆棚的日子。

这一年的1月29日，更是德国人本茨（图1–18）带着他的“奔驰一号”三轮汽车获得世界第一项汽车发明专利的日子。

图1–18　本茨

此后，1 月 29 日就定为了汽车的生日！

“车”是人类社会重要的生产工具。在汽车普及之前，人们用马车和火车来运输货物，来纺车来纺线织布，用水车来灌溉农田。而在老舍的小说《骆驼祥子》中，主人公祥子拉的是洋车。

其实，在本茨发明第一台汽车之前，还有一些工程师提出了一些脑洞大开的想法。早在 1478 年前后，被后人推崇的多才多艺的博学家达·芬奇（图 1–19）就从发条中获得了灵感，设计了一张“发条车”的草图，可惜并未有机会将其制作出来。这表明，在汽车的发明过程中，许多人都在思考和尝试创新的方法，而本茨的成功只是众多创意之一的实现。

图 1–19　意大利博学家达·芬奇

1649 年，德国钟表匠汉斯·郝丘利用他的职业优势，根据达·芬奇的“发条车”草图，创造了一辆以发条为动力的“车”（图 1–20），该车被称为“发条车”。然而，当这辆车完全上满发条时，它只能以每小时 1.6 千米的速度行驶 230 米。饶是如此，将发条车缩小成铁皮玩具这个想法也是非常棒的！

图 1-20　以发条为动力的“车”

直到蒸汽机的问世，机器完全取代人力和马力的希望才破茧而出。1769 年，法国军事工程师、陆军炮兵大尉尼古拉斯·古诺成功制造了世界上第一台蒸汽汽车（图 1-21）。从那时起，“烧水”成了人类文明中最为关键的核心科技，为后人带来了巨大的进步和发展。

图 1-21　世界上第一台蒸汽汽车

尼古拉斯·古诺制造的木质框架蒸汽汽车采用了 3 个车轮，其中前轮既用于驱动又用于转向。它的发动机配备了 2 个气缸，最高时速可达 4 千米。然而，由于燃料和水的限制，每行驶 15 分钟就需要停车添加水和燃料才能继续行驶。

1825 年，英国嘉内公爵对蒸汽汽车进行了进一步的改进，使其行驶速度提高到每小时 19 千米，并使其能容纳 18 名乘客。不久之后，这种车辆在英国中部地区开始正式投入运营，成为陆上公共交通的一种有力工具。

然而，尽管这些蒸汽汽车在速度和载客量上取得了进步，但它们仍然笨重，效率方面并没有明显超越传统的马车。这使得人们开始思考如何进一步改进汽车技术，以提高效率和便利性。这个时期的蒸汽汽车仅仅是汽车发展历程中的一个重要里程碑，后来的技术创新才真正将汽车推向了更高的水平。

比利时－法国发明家艾蒂安·勒努瓦在 1859 年发明了第一台实用的内燃机。

德国发明家奥托 1876 年设计制成了第一台四冲程内燃机。

1879 年 12 月 31 日，本茨成功制造出了世界上第一台单缸煤气发动机（转速为每分钟 200 转，功率约为 0.7 千瓦）。

1885 年，体积更小、续航能力更强的内燃机被发明出来了。本茨的“奔驰一号”单缸四冲程 0.75 马力 0.95 升的发动机，具有电打火功能。这是一辆三轮汽车（图 1–22），于 1885 年末在德国曼海姆运行。

图 1–22　世界上第一台汽车“奔驰一号”

这辆三轮汽车质量为 254 千克，速度为 13 ～ 16 千米 / 时。它配备了一台卧置单缸四冲程汽油发动机，该发动机容量为 785CC，功率为 0.89 匹马力。该车前轮较小，后轮较大，发动机置于后桥上方，通过链条和齿轮驱动后轮前进。它已经具备了现代汽车的一些基本特点，如电点火、水冷循环、钢管车架、钢板弹簧悬挂、后轮驱动、前轮转向和控制手把等。

在那个马车的时代，汽车被斥为无用的怪物。本茨夫人贝尔塔 · 本茨（图 1–23）为了回击人们的冷嘲热讽，在 1888 年 8 月带领两个儿子驾驶这辆三轮汽车从曼海姆直驶普福尔茨海姆，全程 144 千米。本茨夫人也因此成了世界上第一位女汽车驾驶员。

图 1–23　本茨的夫人贝尔塔 · 本茨

早期的制造工艺不成熟，导致这辆车的可靠性非常差。贝尔塔 · 本茨对“奔驰一号”进行首次道路试驾——开回普福尔茨海姆的娘家。然而，在那个时候，开着奔驰回娘家并不是一件令人羡慕的事情，引擎发出的巨大的噪声和排气管冒出的浓烟，吓哭了沿途观看热闹的孩子们。由于在药店添加的汽油劣质，化油器也被堵塞。然而，聪明的贝尔塔 · 本茨立即采取行动，自己拔下发针进行疏通。当发动机熄火时，她便使用吊袜带拽动引擎点火。在她身边，包括两个儿子在内，任何可用的“物品”都成了修车工具。他们边推车边修理，最终完成了长达 144 千米的首次道路试驾。

这次具有历史意义的试驾为接下来的一百多年汽车发展做出了重要贡献。

1883 年，本茨在曼海姆建立了“奔驰汽车公司”。1890 年，戴姆勒和迈巴赫创建了“戴姆勒发动机公司”。以后该公司又与“奔驰汽车公司”合并，成立了“戴姆勒 - 奔驰公司”。

经过五年的努力，本茨成功地研制出了一款性能非常先进的汽车，名为“维克托得亚”（图 1–24），这为奔驰赢得了极高的声誉。然而，由于价格昂贵，“维克托得亚”仅成了少数人的奢侈品。为此，奔驰在 1894 年开始生产价格较为便宜的汽车。仅仅在一年的时间里就销售了 125 辆。

图 1–24 “维克托得亚”汽车

本茨一生致力于汽车技术，并实现了制造汽车的梦想。他创造了自己的企业帝国，经历了多次失败，却从未放弃。他超越了单纯的汽车制造技术，以更广阔的市场思维做出决策，引领公司走向成功。他不仅是一个技术狂人，还是一位成功的企业家。

如今，“梅赛德斯 - 奔驰”（图 1-25）已经在全球各地穿梭飞驰。当人们回顾百年的汽车历史时，希望能够记住本茨这个名字，因为很多人并不知道汽车是由他发明的。

图 1-25　梅赛德斯 - 奔驰新款 GLC Coupe（2023）

中国汽车的故事

1902 年 11 月 9 日，北京，紫禁城太和殿前广场。

直隶总督兼北洋通商大臣袁世凯，跪请慈禧太后登车。

袁世凯身侧，有一辆二代奔驰汽车。

这是一辆敞开式的古典汽车，外观保留了 18 世纪西式马车的痕迹。这辆汽车由黑色的木质车厢、黄色木质车轮和辐条、铜质车灯、实心轮胎以及 6 根支柱撑起的车篷组成，车篷周围装饰有淡黄色流苏。车厢内设有 2 排座位，前排司机席只能容纳 1 人，后排乘客席可坐 2 人。该车的驱动装置为一台横置式气缸、10 马力的汽油发动机，巧妙地设计在乘客席座位下。发动机启动后，齿轮变速箱将动力传递给后轴，最高时速可达每小时 19 千米。虽然被称为汽车，但它更像一辆四轮马车。

这便是出现在北京城的第一辆汽车（图 1–26），袁世凯花费万两白银买来这辆汽车进献给慈禧太后。

图 1–26　袁世凯进献给慈禧太后的汽车

实际上，中国第一辆汽车应该是出现在 1901 年。一位名叫李恩时的匈牙利人带着 2 辆美国制造的“奥兹莫比尔”牌汽车（图 1–27）自香港运抵上海，开启了中国的汽车时代。

图 1–27　“奥兹莫比尔”牌汽车

对了解汽车历史的人来说，这是一个值得关注的年份。当时距离第一辆内燃机汽车——现代汽车的诞生已经过去了 15 年。这两辆黑色木质车身的汽车，外观与当地的马车非常相似，车上有前后两排座位，前排为司机席，后排为乘客席，装备有木质车轮、辐条和实心轮胎，以及煤油灯和手捏喇叭。1902 年 1 月 30 日，上海公共租界工部局向李恩时颁发了临时牌照，准许这两辆汽车上路行驶。中国的第一辆汽车出现在上海的十里洋场街头，人们以惊异的眼光打量着这个新奇的物件——“四轮铁马”。由于这是中国第一辆汽车，因此在登记牌照时，它仍然被视为人畜车，按马车进行管理。

1920 年，孙中山在《建国方略》中提出“发展自动车工业”的构想，被认为是中国真正开始发展汽车工业的起点。到这一年，全国汽车保有量达 2 279 辆，上海有汽车维修厂 29 家，天津有 20 来家。

1931 年 5 月 31 日，奉天（今沈阳）迫击炮厂厂长李宜春等人购进了美国汽车配件，历经 2 年的仿制和组装，终于试制成功了中国的第一辆汽车，该汽车命名为“民生牌 75 型汽车”。这开辟了中国自制汽车的先河。

1931 年 9 月 18 日，日寇占领了东三省，不仅断了铁路，还抢了我们的汽车。李宜春向美国订购的 46 台汽油机，只能转运到天津。不过，中国人的汽车梦没有断。1936 年，中国汽车制造公司成立，随后在 1937 年至 1939 年期间使用进口的散件组装了 2 000 多辆柴油汽车。抗战期间，重庆国民政府资源委员会曾计划由中央机器厂生产汽车，但无果而终。

1936 年至 1946 年间，辽宁沈阳的“民生牌”、山西太原的“山西牌”、湖南长沙的“衡岳牌”、上海的“中国牌”和云南的“资源牌”（图 1-28）以及天津的“飞鹰牌”等汽车都在努力试制。虽然这些尝试只是“白驹过隙”，但这些探索为中国后来的汽车工业发展奠定了基础。

图 1-28　抗日战争期间滇缅公路上的南侨机工和他们的汽车

由于资金和技术等方面的不足，中国汽车工业的发展受到了严重的制约。加之日本侵华战争的影响，中国的汽车工业在摇篮时期就失去了发展的机会。即便抗日战争胜利后，天津也曾尝试批量生产三轮汽车，但这一尝试也只是“昙花一现”。

在 1949 年之前，中国人创建民族汽车工业的夙愿始终未能实现。

1949 年 10 月 1 日，中华人民共和国成立，中国共产党和中央人民政府决定发展自己的汽车工业。中国的汽车工业，有了良好的发展环境。

1953 年，中国的第一家汽车制造厂在长春奠基动工，这掀开了中国人自主建立汽车工厂的历史新篇章。当时的毛泽东主席为奠基仪式亲笔题写了“第一汽车制造厂奠基纪念”这幅字。1956 年，中国制造的第一辆汽车下线，被毛泽东主席命名为“解放”牌（图 1-29），这个名字寓意深刻，对于当时整体经济水平非常落后的中国人来说，这次汽车制造的突破绝对不仅仅是一次经济上的“解放”。

图 1–29 “解放牌”汽车的车标

1958 年，无疑是中国汽车工业发展的重要时期。5 月，一汽试制成功“东风”牌轿车，这是中国自制的第一辆轿车。6 月，北京第一汽车厂附件厂试制成功“井冈山”牌轿车，同时更名为北京汽车制造厂。8 月，一汽成功设计试制出第一辆“红旗”牌高级轿车。9 月，上海汽车装配厂（后更名为上海汽车厂）试制成功第一辆“凤凰”牌轿车。这几辆稚嫩的国产轿车着实让全国人民欢欣鼓舞了一阵子。

1959 年是中国轿车工业发展的重要节点。这一年，中国取得了显著进展。第一批“红旗”72 型轿车参加了国庆游行和阅兵，并被中央部委领导作为公务用车使用。同时，上海汽车装配厂试制出仿德国奔驰 220s 的新型“凤凰”轿车，该轿车成为中国又一种标志性轿车，为中国轿车工业迎来了新的发展篇章。

1964 年，“红旗”被确定为国家礼宾用车。1965 年 9 月，新款“红旗 770”样车亮相北京，受到国家领导人的高度赞赏。“红旗 770”进入批量生产是在 1966 年，当年 4 月份，党和国家领导人改乘“红旗”轿车。1969 年，一汽研制出“红旗 772”型特种轿车（图 1–30）。1972 年，毛泽东主席的专车换成了“红旗”特种轿车，确立了“红旗”的至尊地位。“红旗”采用罕见的V8发动机，其特殊地位、精美造型使它成为世界名车，它是中国人的骄傲，是那个时代的情感标志。

图 1-30 “红旗772”型特种轿车

1964年，“凤凰”牌改名为“上海”牌，1965年定型，共生产了17 000多辆。“上海”牌轿车是中国六七十年代大批量生产的轿车之一（图1-31），是我国公务用车和出租车主要车型。1985年，上海汽车厂与德国大众公司合资另行建厂继续生产“上海”牌轿车，为社会发展做出了贡献。

图 1-31 “上海”牌轿车

改革开放的大潮，使我国经济迅速发展，我国汽车工业迎来了1984年至1997年的“借船出海”。中国汽车工业在发展过程中遇到了诸多难题，技术、资金和人才的短缺一直是制约其发展的瓶颈。因此，利用外资和国外技术来促进中国汽车工业的发展成为当时的必然选择。从20世纪80年代开始，中国汽车企业开始与国外汽车企业合作，引进消化吸收国外先进的汽车技术，逐步提高汽车生产能力和技术水平。这些合作包括整车生产和零部件制造等多个领域，使得中国汽车工业得以快速发展，并成为全球汽车市场中不可忽视的一股力量。

1984年，中国汽车行业的第一个中外合资企业——北京吉普汽车有限公司成立。接着，1985年，中德合作的上海大众汽车有限公司诞生。这一年，上海大众汽车开始生产桑塔纳牌小轿车，这开启了它在中国市场30多年的传奇历程（图1–32）。

图1–32　1985年的上海汽车厂大门

合作的基础策略是“市场换技术”，这意味着中国不会仅接受作为外国公司的代工。在初始阶段，上海大众汽车只能生产如天线、标牌等小零部件，而主要的汽车零部件，如发动机、底盘、车身等，都无法自产，这导致其国产化率长期低于 5%（图 1–33）。

图 1–33　80 年代的上海大众普桑，开上去真的很牛

面对巨大的压力，上海大众汽车积极寻求改变。到 1991 年，上海大众汽车的零部件国产化率已经达到 70%，发动机等关键零部件逐渐实现国产化。1993 年，桑塔纳的年产量突破 10 万辆，1996 年突破 20 万辆，1998 年累计产量达到 100 万辆。在墨西哥生产的大众甲壳虫，30 年后的国产化率仅有 60%，而上海桑塔纳仅用了 10 年就达到了 90% 的国产化率。

正是凭借着桑塔纳的国产化成功，上海大众汽车在 1995 年通过了 ISO9001 质量体系认证，成为中国汽车行业的第一家通过此项认证的企业。从那一天起，中国汽车行业走向自主创新的道路真正开始了。这奠定了其发展的基础。

1985 年，南京汽车厂引入意大利菲亚特的依维柯汽车；广州羊城汽车厂和法国标致合资项目成立。中国的轿车工业的能量开始井喷。

1993 年底，上海大众汽车的轿车产量已经超过了 25 万辆，它成为中国轿车企业中生产规模最大的厂家。这个单一轿车生产企业逐渐超越了一汽（长春）、二汽（十堰）（图 1–34）等其他厂家，成为中国轿车企业的领头羊。

图 1-34　二汽（十堰）的“东风重卡”

1987 年，国家确定了“三大（一汽、二汽、上汽）三小（北京吉普、天津夏利、广州标致）”的总体格局，轿车工业开始向规模化方向发展。1990 年，国家进一步调整了中国轿车工业的三大基地，上海汽车工业总公司成立。

1992 年，东风汽车公司和法国雪铁龙汽车公司合资成立了神龙公司（图 1-35）。

图 1-35　90 年代的武汉东风雪铁龙

1994 年，中国汽车工业进入一个全新的发展阶段，国家发布了《汽车工业产业政策》，明确了汽车工业的发展方向和政策导向。中国轿车工业开始快速崛起。中国汽车工业迎来了快速发展的春天。

1997 年，是一个注定要永载史册的年份。这一年，香港要回归祖国；这一年，中国的汽车工业迈上了自主创新之路。

在过去的十余年中，中国汽车工业在国外汽车巨头的进入下面临巨大的挑战。由于缺乏自主品牌和关键技术，合资企业掌握着大部分的国内汽车产品的核心技术，中国车企缺乏话语权。传统的“拿市场换技术”合资模式已经遭受了质疑，因此中国汽车工业必须加强自主创新和技术研发，掌握核心技术，才能实现真正的自主品牌发展。

中国奇瑞、比亚迪（图 1–36）等自主汽车品牌企业在这样的背景下迅速崛起、逐步成长，开始在市场竞争中展现实力。在那个年代，这些在外资技术封锁和中国薄弱的汽车工业基础上成长起来的自主品牌新生力量，克服了诸多挑战，造出了中国人自己的汽车！

（a）1999 年，奇瑞第一辆轿车“风云”（b）2005 年比亚迪第一辆轿车“秦川福莱尔”

图 1–36　奇瑞和比亚迪第一辆轿车

随后，中国自主汽车工业全面崛起，这些自主品牌的成功不仅惠及企业自身，更带动了整个基础产业链的发展提升，让所有的老百姓都得到了实惠。

就说奇瑞吧！

1997 年奇瑞成立，成为中国自主汽车品牌，2004 年至 2006 年仅 2 年就实现了从 20 万辆到 50 万辆的生产量的增长。随着国内汽车自主企业的发展壮大，奇瑞成为代表中国汽车品牌的自主企业之一。

为了打造自主民族品牌并在市场上占领优势，2003 年，奇瑞创建了汽车工程研究院，致力于建设具备国际水平的自主创新技术平台。随后，奇瑞推出了中国第一个汽车发动机自主品牌 ACTECO，并在 2006 年 3 月将 5 000 台发动机出口美国，这标志着中国自主发动机品牌出口实现了零的突破。

2015 年 12 月 18 日是奇瑞汽车的 18 周岁生日，同时是庆祝第 500 万辆乘用车下线的日子。至此，奇瑞成为自主品牌中首家实现此目标的企业。随后，奇瑞不断推出新款车型，包括 A3、艾瑞泽 7（图 1–37）、瑞虎 3、瑞虎 5 等。

图 1–37　奇瑞艾瑞泽 7

消费者对奇瑞产品的用料、安全品质、发动机和变速器给予了高度评价，称赞奇瑞是一家踏实、用心造车的企业。

奇瑞制定了一个长达 200 页的“感官质量评价体系”，包含听觉、触觉和视觉等三个主要方面。据称艾瑞泽 3 的阻尼，在收集客户意见后就做了很大的改进。自主品牌奇瑞在激烈的合资品牌竞争中崛起，它专注于发动机和变速箱技术的创新，并取得了显著的成就。它的第二代 TGDI 发动机排放符合欧 6 标准，第二代 CVT 变速箱也即将开始生产，这些技术成熟、成本低、更加节约油耗。

2022 年 2 月 8 日，有“安全品质”“新世代潮玩”“硬核态度硬核实力”“元宇宙”等实力标签加持的奇瑞 OMODA5 全球首台车正式下线，这是奇瑞汽车的重磅车型，是奇瑞汽车为年轻化和全球化而生的车型，该车型将陆续在全球市场推出。

除了奇瑞，中国汽车的其他自主品牌，比如长城、吉利、比亚迪等也在不断发展壮大，并逐渐在国内乘用车市场中占据一定的市场份额。在新能源汽车领域，中国的新能源汽车产业链日益完善，技术不断创新。中国已成为全球最大的新能源汽车市场。

现代汽车的更新换代

第一次工业革命的汽车

达·芬奇的愿景

在 1478 年前后，达·芬奇设计了一辆机械驱动车辆（达·芬奇汽车）。这辆车类似于四轮马车，拥有三个车轮，尺寸为 5 英尺 ×5 英尺 6 英寸（1 英尺 =12 英寸，1 英寸 =2.54 厘米）。它通过弹簧动力来推进，因此有人称之为“发条车”。这款汽车设计具备机器人般的特点，可以沿着预设的路线行驶，每次行驶距离仅几米。尽管没有驾驶员座位，但它是世界上第一辆自主推进和具备可编程转向功能的汽车。这一设计为后来汽车的发展奠定了基础，展示了达·芬奇在机械工程领域的创新思维和前瞻性。

不过，达·芬奇最终也没有造出来这辆车，它永久地停留在图纸上了（图 2–1）。

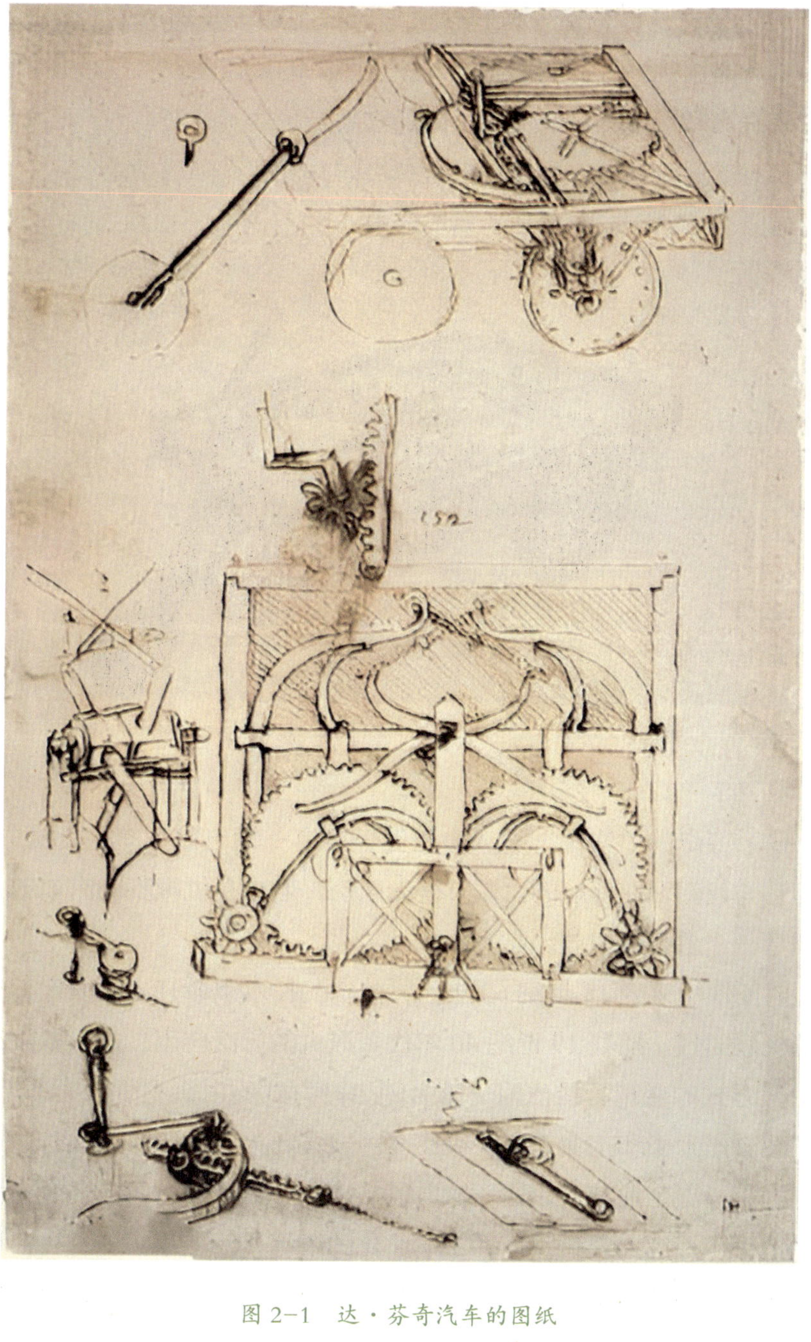

图 2-1　达·芬奇汽车的图纸

2004 年，佛罗伦萨一位科学家按图纸制造了一辆汽车（图 2–2），这辆车竟能按达·芬奇的预想工作。这辆车的设计对现代工程师和历史学家来说具有很高的研究价值，因为它展示了达·芬奇作为一名发明家和创新者的远见卓识。虽然这辆车在当时并没有实际应用，但它对后世的机械驱动车辆的发展产生了启发作用。

图 2–2　按达·芬奇的图纸制造的汽车

达·芬奇的“汽车”被认为是世界上第一辆自行驱动的机械车辆。尽管它与我们现在理解的汽车有很大区别，但它在机械驱动汽车历史上确实是一个重要的起点。

时间很快来到 18 世纪 60 年代，英国的技术革命开启了取代手工劳动的机器时代。随着 19 世纪 40 年代蒸汽机的广泛应用，这一革命推动了生产方式的变革，使依附于落后的生产方式的自耕农阶级逐渐消失，而工业资产阶级和工业无产阶级逐渐形成并壮大。因此，后人将这一革命称为第一次工业革命。这一时期的技术进步和生产方式的转变对世界各国产生了深远的影响，推动了工业化的进程，改变了经济、社会和政治结构。它为现代工业社会的发展奠定了基础，为后续的工业革命和经济繁荣打下了重要的基石。

第一次工业革命对汽车发明产生了深远的影响，蒸汽动力、制造技术和工程技术为汽车的发明奠定了基础。虽然当时汽车的发展还处于初级阶段，但随着工业革命的推进，汽车技术逐渐发展和完善。因此，第一次工业革命为汽车的进一步发展打下了坚实的基础，并为后续的汽车工业发展开辟了道路。

蒸汽驱动的车辆

在第一次工业革命期间，汽车方面的发明主要集中在蒸汽驱动车辆上，一些汽车原型和早期模型出现了。

1769 年，法国的尼古拉斯 · 古诺制造了第一辆蒸汽驱动的三轮车。这是世界上第一辆可以运载人和货物的蒸汽汽车。

1784 年，英国发明家威廉 · 默多克制作了一辆小型蒸汽车模型，这是一辆能够在地面上行驶的蒸汽动力车辆。威廉 · 默多克在蒸汽机领域做出的重要发明，即太阳—行星齿轮传动系统（图 2–3），使蒸汽机能够持续运转。

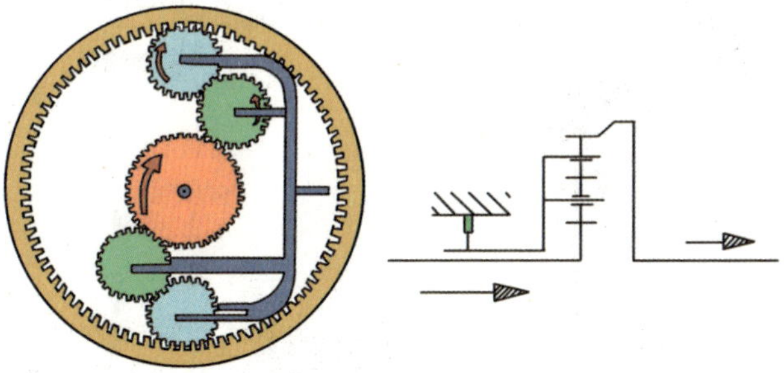

图 2–3　太阳—行星齿轮传动系统：太阳轮输入，行星架制动，齿圈输出结构简图

这个装置将活塞的往复直线运动转化为轮轴的旋转运动，通过齿轮或链条驱动工作机械。为了使轮轴的旋转更加平稳，威廉 · 默多克在轮

轴上安装了一个大型飞轮。这一传动机制的创新使蒸汽机成为一种能够驱动各种工作机械的多功能动力源。

1801 年，英国的特里维西克和他的表弟安德鲁·维维安共同研制出世界上第一辆四轮蒸汽交通工具，该蒸汽交通工具被称为“吹气的家伙”。这辆蒸汽交通工具能够在普通道路上行驶，是一辆真正的蒸汽汽车。它比德国人本茨发明的汽油发动机汽车早了整整 85 年。特里维西克精心准备后，在当年的平安夜正式向外界展示了他的蒸汽汽车。他邀请了 7 位朋友一起驾驶“吹气的家伙”出去兜风。这辆蒸汽汽车行驶了 8 千米，在爬上一个小山坡时，他们诗兴大发，吟诵出：“像一只鸟儿，我们在自由地飞翔。”

这个“吹气的家伙”（图 2–4）很快成为他们的大玩具。好景不长，1801 年还没过完，特里维西克与表弟安德鲁·维维安驾驶着这辆蒸汽汽车外出兜风，由于兴奋过头，不小心将车开进了沟里。特里维西克却潇洒地带着安德鲁·维维安去不远处的餐馆喝酒。更糟糕的是，他没有熄火，这导致锅炉里的水被烧干，引发大火，甚至引起爆炸，将车辆烧毁。

图 2–4　“吹气的家伙”

尽管如此，特里维西克并未放弃。1803 年，他制造了第二辆蒸汽汽车——“伦敦客车”，并在伦敦进行了公开展示。他搭载着七八个人，以时速 14 千米行驶了约 10 英里（1 英里约为 1.6 千米）的距离。由于驾驶失误，他撞到了一面墙上，这导致人们开始将蒸汽汽车视为危险的玩具，潜在购买者纷纷回避。最终，特里维西克将这辆汽车上的蒸汽机拆下，改装成了一台箍桶机。

尽管遭遇挫折，但特里维西克的努力为蒸汽汽车的发展探索了新的道路，并为后来汽车技术的进步打下了基础。

1805 年，美国发明家奥利弗·埃文斯设计了一辆名为“两栖疑虑者”的蒸汽驱动车（图 2-5）。这辆车既可以在陆地上行驶，也可以在水上航行，堪称两栖交通工具的雏形。

图 2-5　奥利弗·埃文斯的“水陆两栖”蒸汽车

当然，在第一次工业革命期间，还有很多致力于蒸汽汽车研究的研究者。尽管这些早期的蒸汽驱动车辆在技术上还存在许多限制，但它们标志着机械驱动车辆的诞生，为后来的内燃机汽车的发明奠定了基础。

电力驱动的车辆

电动汽车的诞生比内燃机汽车早了大约半个世纪，实际上电动汽车是真正的“旧能源”汽车。尽管现在我们称之为新能源汽车，但它已经在人类发展历程中陪伴了我们百余年。后来才出现的内燃机汽车却逐渐占据主导地位。

在电动车发展初期，电动车被理解为由蓄电池驱动的车辆，即一种由蓄电池供电、电动机驱动的车辆。电动车的关键技术在于电池和电动机，电池给车载电动机供电，这决定了一辆车能跑多远（续驶里程），而电动机的性能决定了车辆的动力特性。在电动车的成长历程中，电池和电动机技术的每一次进步，都或多或少地推动了电动车的发展。

1821 年，法拉第展示了电磁力产生旋转的原理（图 2–6），这为电驱动技术的发展奠定了基础。1828 年，匈牙利发明家阿纽什将他早期发明的电动机安装在木板上，驱动轮子，制作出最初的电动车模型（类似于 20 世纪电瓶车）。这标志着电动车技术的起步，为未来电动交通的发展铺平了道路。1830 年，人们开始制作以电池供电、电动机驱动的车辆模型和小型实验装置。

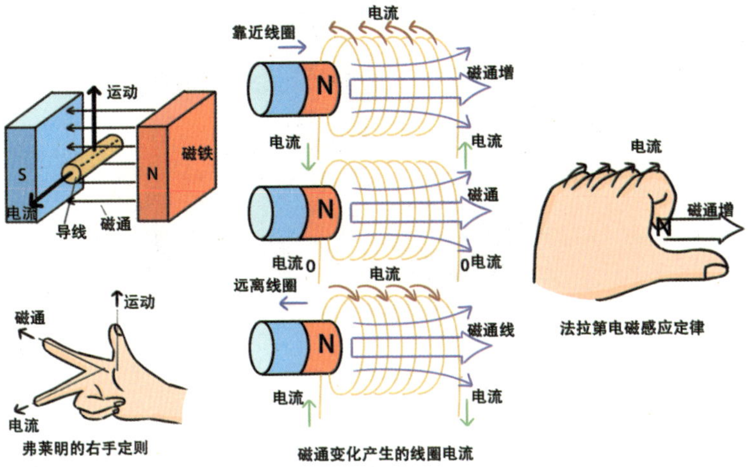

图 2-6　电磁力产生旋转的原理

19 世纪早期，电动机的发展和改进催生了各种电动车的出现。1834 年，俄国物理学家雅可比使用电磁原理进行了一个实验，他在两个 U 型磁铁中间设置了一个有 6 个臂轮的装置，每个臂轮带有 2 根棒状磁铁。当通过电流时，棒状磁铁和 U 型磁铁之间产生吸引和排斥的力，从而带动轮轴旋转。

依据这个实验的结果，雅可比制造了一台电动机（图 2-7），这台电动机由 320 个丹尼尔电池供电，并被安装在一艘小艇上。1838 年，这艘小艇在易北河上进行了首次航行。这是电动机从实验室的模型转变为实用的电动机的重要步骤。

图 2-7　雅可比的电动机

1834 年，美国的托马斯·达文波特成功制造了世界上第一辆由直流电机驱动的电动车（图 2-8）。这辆车将干电池作为动力来源，尽管行驶距离有限，但它标志着电动车技术的重要突破。托马斯·达文波特的成就为电动车的发展奠定了基础，为后来的技术改进和推广打下了坚实的基石。他的创新为电动交通的未来提供了启示，并为电动车行业的发展做出了重要贡献。

图 2-8　世界上第一辆电动车

在 1832 年至 1838 年间，苏格兰发明家罗伯特·安德森创造了一辆电动马车，它以初级电池为动力来源。

1842 年，托马斯·达文波特和英国的罗伯特·戴维森共同创造了世界上首辆实际上可使用的电动汽车，他们使用了不可重复充电的电池。1847 年，摩西·法默制造了第一辆采用蓄电池驱动，能够搭载 2 人且不需要导轨的电动车，这也是美国的第一辆公认的电动车。同时，维尔纳·西门子对于早期电动车的发展也做出了重要贡献。

1859 年，法国的普朗特发明了早期的铅酸电池，从此电动车有了储存电能的可能。这种电池由铅板和氧化铅板组成，中间用纸或棉花隔开，然后浸泡在硫酸溶液中。虽然这种电池成本低廉、易制造，但能量密度低、寿命短是其明显的缺点。

在接下来的数十年里，铅酸电池经历了一系列的改进和发展。1881 年，法国工程师加斯东·普兰塞尔发明了一种改进的新型铅酸电池，它采用铅钙合金代替了纯铅，这使得电池的能量密度得以提高，使用寿命也变得更长。

这种新型铅酸电池的发明，直接推动了真正意义上的第一辆电动汽车的诞生。1881 年，它由法国工程师古斯塔夫·特鲁夫创造（图 2–9），这款车标志着电动汽车技术的重要进步，为未来电动汽车的发展开辟了道路。

图 2–9　古斯塔夫·特鲁夫的电动三轮车

古斯塔夫·特鲁夫的电动三轮车使用了改良后的轻质铅酸蓄电池，并配备了一个 0.1 马力的直流电动机。整个车辆，连同乘员的体重，约为 160 千克。这款车的最高速度可以达到 15 千米 / 时，续航能力大约是 16 千米。即便从今天的视角来看，这种轻量化设计也是相当令人赞叹的。

1882 年，世界上第一辆有线电动汽车行驶在柏林的大街上。这是一辆装有大直径轮子的狩猎车，它由车顶的导线供电（图 2–10）。可以说，这款车是所有有线电车的祖先。

图 2–10　1882 年，德国柏林郊外，几名男子乘坐有线电动汽车

随后，荷兰人西博兰斯·斯特町应用法拉第电磁感应原理制造了一辆电动三轮车（图 2–11）。电磁感应原理在这辆电动三轮车上的应用打开了电动车领域的新技术之门。

（a）西博兰斯·斯特町

（b）电动三轮车

图 2-11　西博兰斯·斯特町和他的电动三轮车

1866 年，西门子阐明了发电机的工作原理，并成功发明了第一台发电机和第一台直流电动机。这些技术的发展很快推动了电动火车（1879 年）、电梯（1880 年）、有轨电车（1881 年）和无轨电车（1882 年）等在德国的广泛应用。

1887 年，英国的伏尔克成功制造了一辆电动三轮轻便车（图 2-12）。虽然这款车相比阿顿和培里的三轮车功率较低，但它采用了平衡轴，这使得速度转换更加灵活。之后，伏尔克还对这款车进行了改进，并将它献给了土耳其的国王。改装后的车的质量达到了 499 千克，时速提升到了 16 千米。

图 2-12　伏尔克的电动三轮轻便车

1888 年，德国发明家安德烈亚斯·弗洛肯豪斯在科堡打造出第一辆四轮电动车。

1890 年，安德鲁·里克制造了美国第一辆电动三轮车。这是电动车发展历史中的一大突破，标志着电动车在美国的诞生。1891 年，亨利·莫瑞斯成功制造了世界上第一辆电动四轮车（图 2-13）。从三轮车向四轮车的转变是一大创新，为现代汽车的形式奠定了基础。

图 2-13　世界上第一辆电动四轮车

1897 年，德国纽伦堡出现了第一辆电动消防车（图 2-14）。这款消防车配备了同一离合器，可以在“水泵供水”和“行驶”两种工作状态间进行切换。这种设计在消防行业中十分重要，因为它能使消防车在灭火时保持供水，且在灭火完成后又能快速驶离现场。柏林稍后引入多辆类似的电动消防车。这些消防车中有一部分采用了轮毂电机，这是一种将电机直接安装在车轮内部的设计，该方式能够提高能效，减小车辆质量，同时能简化车辆的传动系统。

图 2-14　德国纽伦堡的第一辆电动消防车

1897 年，年仅 22 岁的费迪南德 · 保时捷在德国发明了轮毂电机并成功申请了专利。轮毂电机是一种将电机直接装在车轮中的设计，这个创新设计为电动车的发展提供了新的可能性。1898 年，费迪南德 · 保时捷将他发明的两个轮毂电机安装到汽车的前轮上，从而名为洛纳 - 保时捷的纯电动汽车诞生了。这是世界上较早的纯电动汽车之一。这辆洛纳 - 保时捷的电能全部来自一组超大号的铅酸电池，电池组的总质量超过 1.8 吨。尽管这使得车辆相对重一些，但这也是在当时技术条件下的最佳选择。

1900 年，费迪南德 · 保时捷创造了另一个奇迹，将四个轮毂电机安装在汽车的四个轮子上，创造了世界上第一辆四驱（电动）汽车（图 2-15）。这种设计使得汽车时速能够达到 56 千米，打破了多项速度记录，并在当年的巴黎万国博览会上引起了轰动。

图 2-15　世界上第一辆四驱（电动）汽车

电动汽车在 20 世纪初已经在性能上显示出了优势，且充电相对方便。1900 年的汽车销量数据清楚地展示了电动汽车的统治地位：在美国销售的汽车中，电动汽车数量为 15 755 辆，它大大超过蒸汽汽车的 1 684 辆和燃油汽车的 936 辆。

20 世纪初，电动车开始进入商业化阶段。美国率先实现了电动车的商业运营，成为发展电动汽车最快、应用最广的国家。欧洲各国也不甘示弱，在消防、出租等领域都可以看到电动车的身影。当时，柏林就有 13 家电动汽车制造公司。同时，许多蓄电池制造商为电动车制造商配套生产专用蓄电池。

例如，1889 年，纽约的出租车中有 90% 都是电动汽车（图 2-16），1900 年美国生产的汽车中有 28% 都是电动汽车。电动汽车的销售总值甚至超过了当年的内燃机汽车和蒸汽汽车的总和。这些数据再次证明了在那个时期，电动汽车在汽车市场上的主导地位。

图 2-16　1889 年，纽约的出租车中有 90% 都是电动汽车

第一辆电动汽车在设计上保留了马车的结构，反映出汽车工业的早期阶段仍然深受马车设计的影响。然后，德国制造的第二代电动汽车引入了专用的马达箱，其结构与同时期发展的内燃机汽车相似，但蓄电池放置在马达箱内部。

尽管早期的电动汽车在技术水平和行驶性能上存在一定的不足，但它们在噪声小、无废气排放等方面展现出了显著的优势。因此，人们普遍认为早期的电动汽车在综合性能上优于同期的燃油车。

电动汽车的出现被视为对交通工具的革命性探索，具有划时代的意义。它的发展和普及预示着更加环保、高效的未来交通方式的变革。

1899 年 5 月，比利时人卡米勒·詹那兹驾驶的电池电动赛车“永不满足号”（图 2-17），创下了 110 千米 / 时的速度纪录，成为历史上第一辆时速超过 100 千米的汽车。这一壮举证明了电动汽车在性能上的强大潜力，预示着其在未来汽车行业中的重要地位。

图 2-17　“永不满足号”电动汽车

在第一次工业革命期间，虽然还有其他类型的汽车发明，但它们的影响相对较小。

19 世纪前期，电动汽车占据了大部分市场份额，其销售数量几乎是内燃机汽车的 2 倍。然而，由于各种地缘政治和经济原因，内燃机汽车逐渐流行起来，并持续到现在。

可以说，真正改变汽车工业的技术革命发生在第二次工业革命期间。在这个时期，内燃机的发明和应用使得汽车得以大规模生产和推广。这个革命性的技术进步使得汽车能够走出工厂，进入更多家庭，从而广泛影响人类的生活和社会的发展。

第二次工业革命的汽车

第二次工业革命发生于 19 世纪 60 年代后期至 20 世纪 40 年代，是一场经济革命，对社会生产力的发展产生了巨大推动作用。这一时期的主要标志是电力的发明和广泛应用，它引领了电器的普及、内燃机的使用以及通信事业的蓬勃发展。这场革命将人类引入“电气时代”，这是一个创新的年代，动力输出经历了蒸汽机—煤气机—汽油机—柴油机四个阶段，人类在不断开发新能源的道路上，“顺便”也对内燃机进行了改进。

虽然德国人发明了汽车，但在促进汽车初期发展方面，法国人的贡献也是不可忽视的。他们发明了许多汽车技术，如齿轮变速器、差速器、前置发动机后轮驱动、充气式橡胶轮胎、箱式变速器、万向节传动轴和齿轮主减速器、狄第安后桥半独立悬架、石棉制动片和转向盘，等等。

实用内燃机的发明

1862 年，法国工程师罗彻斯提出了四冲程发动机循环理论，首次阐述了进气、压缩、做功、排气的四个冲程循环原理。在此基础上，德国人奥托在 1876 年成功制造出第一台往复式四冲程内燃机（图 2–18），它将煤气与空气混合后经压缩冲程点火燃烧。

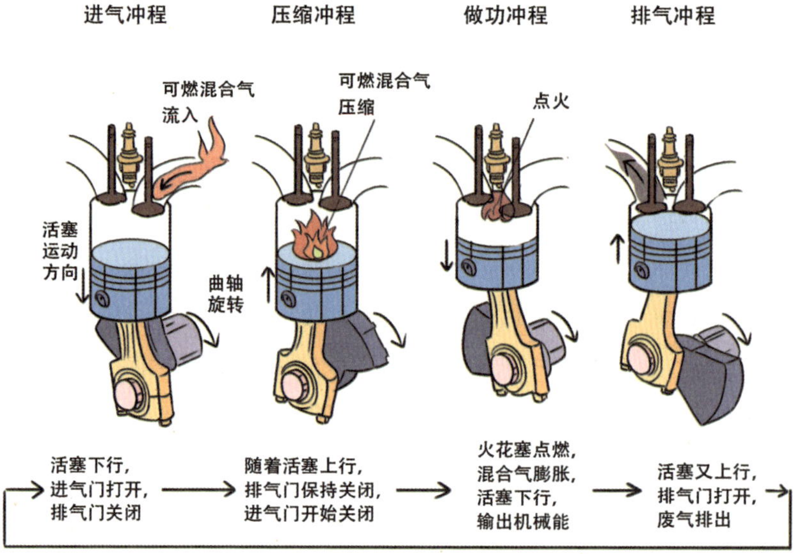

图 2–18　四冲程汽车发动机工作原理

这种内燃机比蒸汽机更高效、更小巧、更易操作和维护，很快被广泛应用于汽车、船舶、飞机等领域。奥托的贡献使他成为内燃机奠基人，并被载入历史。四冲程循环也被称为“奥托循环”，它为汽车的发展奠定了基础。

1886 年，德国人戴姆勒制造了世界上第一辆四轮汽车（图 2–19）。与本茨几乎同时研发成功的三轮汽车相比，戴姆勒的四轮汽车更符合人们对汽车的认知，并采用了内燃机技术。然而，令人遗憾的是，戴姆勒的成就往往被人们所忽视，而得到专利证书的奔驰一号成为公认的内燃机汽车的鼻祖。尽管如此，戴姆勒的四轮汽车在汽车历史中仍扮演了重要角色，为后来汽车的发展奠定了基础。内燃机技术的发明和应用，为人类的交通出行和机器工作方式带来了巨大的变革。

图 2-19　戴姆勒的第一辆四轮汽车

从 1888 年开始，奔驰公司开始批量生产三轮汽车，而在同一时期，英国人邓禄·普发明了充气轮胎。1889 年，戴姆勒在他的汽车上采用了装有滑动小齿轮的 4 速轮传动装置，并获得了 V 型发动机的专利。而本茨在他的汽车上也使用了这种发动机，并向戴姆勒支付了专利费。与此同时，法国人标致成功配制出齿轮变速器和差速装置。1890 年，德国的戴姆勒公司正式成立。

第一台柴油机的诞生

19 世纪末，由于石油燃料在欧洲非常稀缺，德裔法国人狄塞尔决定将柴油作为燃料解决这一问题。然而，由于柴油的点火性能较差且燃点较高，无法直接应用在奥托内燃机上。因此，狄塞尔决定开展自己的研究，提高内燃机的压缩比，利用压缩产生的高温高压来点燃柴油燃料。1892 年，他成功提出了一种压燃式发动机循环理论，并研发出一台实用的柴油动力压燃式发动机。该循环被称为“狄塞尔循环”，以与“奥托循环”区分开来。这一理论为柴油机的发展奠定了基础，并成为现代柴油发动机的基本原理。

狄赛尔是一位发明家，于 1894 年对柴油机进行了改进，并成功让其运行了大约 1 分钟。尽管柴油机还不够稳定，但狄赛尔迫不及待地将其投入商业生产。然而，由于技术问题，这些柴油机很快被退回，这给他带来了巨大的经济负担，并影响了柴油机在公众中的声誉。在接下来的几年里，很少有厂家或个人愿意采用柴油机。由于资金短缺和债务压力，狄赛尔的晚年生活陷入了极度贫困中。1913 年 10 月 29 日，55 岁的狄赛尔失踪，再无音讯。

1936 年，奔驰汽车率先将柴油发动机应用于其 260D 车型。如今，狄塞尔发明的柴油发动机已广泛应用于汽车、船舶和工业领域（图 2–20）。为了纪念他的贡献，柴油发动机上都印有“Diesel”字样。他的创举为能源效率和可持续发展做出了重要贡献，并在全球范围内推动了柴油技术的发展。

图 2-20　狄赛尔发明的柴油发动机

第一辆内燃机汽车的诞生

许多人会误以为福特是美国汽车之父，尽管福特为美国汽车工业做出了卓越贡献，但美国第一辆汽油机汽车的创造者是查尔斯·杜里埃和弗兰克·杜里埃兄弟。

19 世纪末期，作为自行车工程师的杜里埃兄弟购买了一辆二手四轮马车，并在车座下加装了一台单缸汽油发动机。这台车拥有一套杜里埃兄弟自己发明的喷雾式化油器。1893 年 9 月 21 日进行路试后，当地媒体大肆报道，杜里埃兄弟成为全世界知名的汽车制造者（图 2-21）。

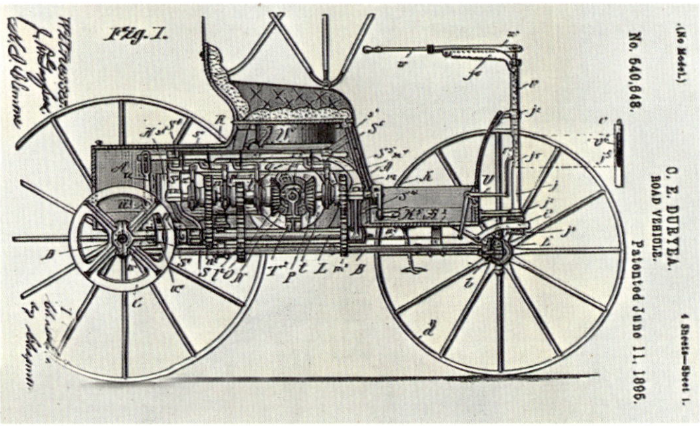

图 2-21 杜里埃汽车专利图

1895 年 11 月 28 日感恩节这一天，芝加哥街头热闹非凡，这里举办了美国第一场汽车比赛，弗兰克·杜里埃驾驶的杜里埃汽车以 7 小时 53 分钟的成绩赢得了全程 87 千米的比赛。虽然杜里埃汽车的平均速度仅为 11 千米 / 时，但也比第二名奔驰汽车快了一个半小时（图 2-22）。

图 2-22 1895 年 11 月 28 日，杜里埃获得美国第一场汽车比赛冠军

弗兰克·杜里埃赢得了比赛胜利后，他的汽车公司的知名度也随之增长。1896 年，杜里埃兄弟在位于斯普林菲尔德的车库里手工制造了 13 辆杜里埃汽车，这使得杜里埃汽车公司成为当时全美最大的汽车制造商。

1895 年，法国工程师莱瓦索尔发明了手动操纵的齿轮变速传动装置，米其林兄弟将充气轮胎引入汽车领域。1898 年，美国人富兰克林发明了顶置气门的风冷式 4 缸发动机，第一辆公共汽车诞生了。同年，英国实现了柴油发动机汽车的制造。1899 年，菲亚特推出了第一辆汽车，同时，纽约成立了美国第一家汽车修理厂，法国人杰那茨驾驶电动汽车创造了时速 105 千米的最高车速纪录。这些里程碑事件推动了汽车技术的进步和汽车工业的发展。

史上首次大批量生产汽车

在第二次工业革命期间，汽车领域取得了多项重要的成就。

1902 年，凯迪拉克汽车公司成立，开启了其在豪华汽车领域的辉煌历程。同时，英国人获得了盘式制动器的专利，法国人雷诺获得了鼓式制动器的专利，这些制动器技术为汽车安全性能的提升做出了贡献。法国人将后桥独立式悬架装配于赛车，进一步提高了赛车的操控性能。

1903 年，福特汽车公司成立，标志着大规模量产和流水线生产方式的引入。此外，法国成功研制出第一台 V 型发动机，英国开始生产全钢车身的轿车。

1904 年，国际汽车联合会正式成立；英国的希思发明了液压制动系统，为制动效果和操控性能的提升做出了贡献。

1905 年，法国研制出封闭式驱动桥和轮胎压力计，进一步改善了汽车的性能和驾驶舒适性。

1906 年，带弹簧的保险杠问世，为汽车在碰撞中提供了更好的保护。德国率先引入前轮制动器，提高了汽车的刹车效果。别克公司将蓄电池作为轿车的标准配备，为汽车的电气系统提供了可靠的能源。

1907 年，劳斯莱斯公司生产出标志性的“银魅”汽车，奠定了其在豪华汽车领域的声誉。同年，日本成功制造出第一辆汽油发动机汽车，迈出了日本汽车工业的重要一步。

1908 年，福特推出了具有里程碑意义的“T”形车，实现了大规模量产和流水线式生产，这为汽车工业带来了革命性的变革。同时，杜兰特创办了通用汽车公司，开创了其在全球汽车市场的领先地位；美国人将电喇叭应用在汽车上，提升了汽车的交通安全性。

1908 年，福特和他的合伙人将奥尔兹、利兰以及其他人的设计和制造思想结合，创造出一种新型汽车——“T”形车。这款汽车是一种低价位车，不加装饰、结实耐用、容易驾驶和维修，适用于乡间道路和大众市场需求。“T”形车采用 4 缸 20 马力汽油机，汽油机前置于发动机罩内，使用两个前进挡和一个倒挡的行星齿轮变速器、充气轮胎、双排座位和带蓬船形车身。这款汽车投放市场后获得了好评，福特接到了大量订单。从 1909 年开始，“T”形车成为福特唯一生产的车型，产量达到了数万辆。

福特的创新生产方式和低价位车型改变了整个汽车行业的格局。通过流水线式生产，福特大幅提高了生产效率，降低了成本，使汽车普及化成为可能。“T”形车的成功促使其他汽车制造商效仿，推动了整个汽车工业的发展。

1914 年，福特引入泰勒的汽车装配线，使零部件连续流动、分工明确、技术简化，组装一辆汽车的时间由 750 分钟缩短至 93 分钟，工厂单班能生产 1 212 辆汽车。福特的装配线大幅提高了生产效率，降低了成本，使汽车成为人人可买的商品。这一技术使工业生产从手工向机械化转变，对全球制造业产生了深远影响，成为现代工业生产的基础。

超低压轮胎和独立悬架的问世

超低压轮胎，即充气压力在 0.15 MPa(1.5 kgf/cm^2) 以下的轮胎，不仅能增加牵引力和稳定性，还能降低轮胎对地面的冲击力，从而减少对地面的损害，使其更适合在软地面上行驶。

1839 年，橡胶轮胎开始被广泛应用于各种车辆。直到 19 世纪末，汽车上所使用的橡胶轮胎都是实心的，这种轮胎缺乏吸收路面冲击的能力，导致汽车在行驶时震动剧烈且噪声很大。

1845 年，苏格兰的罗伯特·汤姆森首先发明了充气轮胎并获得了专利，然而这项发明并没有被广泛采用。直到 44 年后，一位名叫威利·休谟的自行车运动员在比赛中使用了邓禄普的充气轮胎，并取得了出色的成绩，充气轮胎才引起人们的广泛关注。

1891 年，爱德华·米其林和安德鲁·米其林兄弟发明了一种可在短时间内拆换的充气自行车轮胎（图 2–23）。这一创新很快被自行车运动员采用。在巴黎至波尔多的比赛中，兄弟俩亲自参赛并成功完成全程，这一壮举在巴黎引起了轰动。米其林轮胎凭借其充气轮胎的技术优势，在 1900 年至 1912 年期间的所有重要国际汽车赛事中均取得了巨大成功。

图 2–23　米其林兄弟的第一条可拆换的充气自行车轮胎

1915年，美国圣地亚哥的亚瑟·萨维奇获得了子午线轮胎的首个专利。子午线轮胎的胎体结构确实有许多优点。其设计使得轮胎具有更好的缓冲性能和附着力，这显著改善了车辆的舒适性和操控性能。此外，子午线轮胎在高速行驶时产生的发热量相对较小，这使得其具有耐磨性、低滚动阻力和较高的极限速度等优势（图2-24）。因此，子午线轮胎已成为现代汽车领域的主流趋势。

图2-24　子午线轮胎

20世纪初，汽车工业迎来了一个多样而辉煌的时代。许多著名的汽车品牌相继问世，其中包括奥兹莫比尔、凯迪拉克、福特、五十铃、通用、雪佛兰、林肯、马自达、克莱斯勒、戴姆勒－奔驰、宝马、丰田、日产、捷豹、三菱和大众等。这些品牌的出现为汽车行业带来了重大的变革，它们致力于改变人类的生活方式。汽车成为人们的交通工具，改变了人们的出行方式。

就拿汽车悬架来说吧！

悬架系统是汽车中至关重要的组成部分，它连接车身、车架和车轮，并包括避震器、悬架弹簧、防倾杆等关键组件。该系统的主要功能是吸收和减缓来自路面的震动和冲击力。通过避震器和悬架弹簧的协同作用，悬架系统能够分散和减轻这些冲击力，以保持车身的稳定性和乘坐的舒适性。同时，悬架系统对于车辆的操控性能也起着重要的作用，它能够通过调节悬架的刚度和高度来提供悬挂平衡和响应性。不同类型的车辆采用不同的悬架设计，以满足特定的需求和应对各种路况。

在马车时代，人们开始关注提供更舒适乘坐体验的马车悬架系统。1776 年，在马车悬架系统中的叶片弹簧获得了专利，成为重要的弹性元件。随着汽车的出现，不同类型的弹簧如扭杆弹簧、气体弹簧、橡胶弹簧和钢板弹簧相继出现。20 世纪 30 年代，螺旋弹簧逐渐取代了叶片弹簧。1934 年，世界上首个由螺旋弹簧构成的被动悬架系统诞生了。被动悬架系统主要应用于中低档轿车，麦弗逊式悬架配备横向稳定杆（图 2–25），一般作为现代轿车如桑塔纳、夏利、赛欧等车型的前悬架，而后悬架则采用复合式纵摆臂悬架和多连杆悬架等。这些悬架系统通过使用适当的弹簧和减震装置，为汽车提供更好的悬挂和减震效果，为乘坐者提供更舒适和稳定的体验。随着技术的进步，现代汽车的悬架系统不断演化和改进，以满足不同车型和驾驶需求。

图 2–25　麦弗逊式悬架

国外汽车空气悬架经历了一系列的发展，从传统的钢板弹簧到气囊复合式悬架，再到被动全空气悬架，最终发展到主动全空气悬架，即电控空气悬架（Electronically Controlled Air Suspension, ECAS）系统。主动全空气悬架引入了电子控制系统，极大地改善了传统空气悬架系统的性能。它能够主动调节和控制汽车在不同路面和工况条件下的悬挂，并能够提供更好的乘坐舒适性和稳定性。此外，主动全空气悬架还增加了许多辅助功能，如故障诊断功能等。目前，ECAS系统已经在欧洲一些国家的大型客车上得到广泛应用。随着人们生活水平的提高和对汽车舒适性的要求不断增加，我们可以预见，这种先进的空气悬架系统在汽车领域将越来越普及。它将为乘客提供更加舒适的乘坐体验，并为驾驶员提供更好的操控性和安全性。

这一时期，许多重要的创新相继问世，为汽车工业发展带来了许多好处。首先是前轮驱动汽车的问世，革新了传统的后轮驱动设计，提高了车辆的操控性能和牵引力。其次是半自动变速器和手动按钮式齿轮变速器的出现，使得驾驶者能够更加方便地进行换挡操作，提升了驾驶的便利性。再次是安全玻璃的采用增强了车辆内部的安全性，空调装置的引入提升了乘坐的舒适度。最后是超低压轮胎的问世改善了汽车在松软路面上的行驶性能，独立悬架的出现使得车辆能够更好地适应不同的路况，提高了行驶的平稳性和稳定性。所有这些技术革新共同推动了汽车工业的飞速发展，为汽车的普及和进步创造了有利条件。这些创新为驾驶者提供了更好的操控性、舒适性和安全性，推动了汽车的发展进程。

第三次工业革命的汽车

第三次工业革命（科技革命）没有界定起止年代，大致从 20 世纪中期至 21 世纪初。这次革命具有技术群体化、科技社会化和发展进程高速化三大突出特点。以原子能、电子计算机、空间技术和生物工程的发明和应用为主要标志，涉及信息技术、新能源技术等诸多领域的一场信息控制技术革命，给世界经济发展带来了机遇与挑战。

这次革命对汽车工业产生了深远的影响，引入了许多新的技术和概念，重塑了汽车的设计、制造和使用方式。

米其林的贡献

法国米其林公司在轮胎技术领域的一个重要贡献是引入和推广了子午线轮胎的概念。1946 年，米其林公司进一步改进了子午线轮胎的设计，并实现了大规模的生产。1949 年，米其林公司将子午线轮胎正式推向市场。在接下来的 30 年中，米其林公司不断扩大其在子午线轮胎技术方面的优势。

子午线轮胎是一种轮胎结构形式（图 2-26），其帘线（胎带）以子午线方式排列，与轮胎的胎面垂直交叉。相比于传统的斜交轮胎，子午线轮胎具有更坚固、更稳定的结构，以及更好的性能和舒适性。

子午线结构使轮胎更加稳定，减少了侧滑和变形的可能性，提高了车辆的操控性和稳定性。由于结构更加坚固，抗磨损性能更好，相比于斜交轮胎，子午线轮胎具有更长的使用寿命和更高的耐久性；子午线轮胎由于减少了轮胎的滚动阻力，从而提高了燃油效率，降低了燃油消耗；子午线轮胎提供了更好的减震效果，降低了车辆行驶时的颠簸和噪声，提升了驾乘的舒适性。

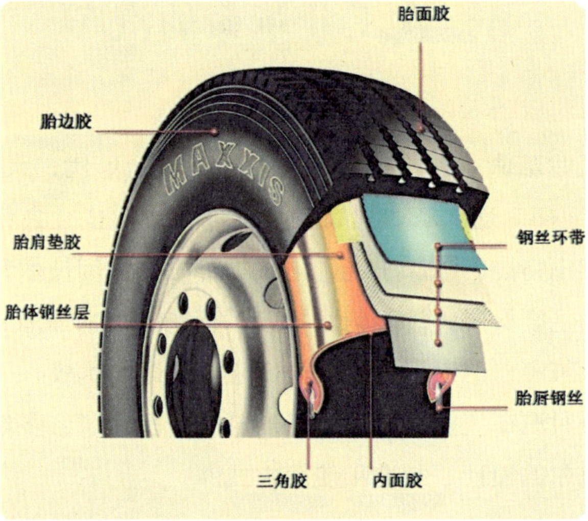

图 2-26　米其林子午线轮胎结构示意图

米其林公司在推广子午线轮胎方面起到了积极的作用，该技术的应用对整个轮胎行业产生了深远的影响。如今，子午线轮胎已成为汽车行业的标准，并被广泛应用于各种车辆类型。

20 世纪 30 年代，第二次世界大战爆发。在第二次世界大战期间，各国汽车工业均为军事目的服务，生产坦克、装甲车等军用装备和物资，汽车工业发展停滞不前。但在第二次世界大战后，各国休养生息，掀起了一波波工业发展浪潮，特别是将汽车作为支柱产业之一的日本，一跃成为当时世界第三大汽车生产国。

1941 年，四速半自动变速器及液压联轴器由克莱斯勒公司研制成功。同年，四轮吉普车在美国问世。

盘式制动器

克莱斯勒于 1948 年推出了世界上第一台四轮盘式制动器汽车——帝国皇冠（图 2–27），对盘式制动器的应用比其他汽车厂商早了 10 年以上。20 世纪 70 年代后，盘式制动器才逐渐开始在廉价车上普及。

图 2–27　帝国皇冠（1948 年）

盘式制动器，又称碟式制动器，是一种以盘形结构得名的制动装置。它采用液压控制，主要由制动盘、分泵、制动钳和油管等组成。制动盘由合金钢制成，并固定在车轮上，随着车轮的转动而运动。盘式制动器被广泛应用于轿车，大多数轿车在所有车轮上都采用盘式制动器，而少数轿车则将其用于前轮制动，与后轮的鼓式制动器相配合，以提高制动时的方向稳定性。此外，通风式制动盘在外观上具有许多从制动盘圆心通向边缘的孔洞。这些孔洞是通过特殊工艺制造的，它们可以利用车辆行驶产生的离心力形成空气对流，以降低制动盘的温度。这种设计可以防止制动时的热衰减，提高制动系统的稳定性和效能。

里程碑的创新

1949 年，福特公司推出搭载 V8 引擎的船型轿车（图 2–28）。V8 引擎是一种具有 8 个气缸的内燃机，通常有较高的功率和扭矩输出，因此在船型轿车中 V8 引擎常被用于提供强劲的动力。福特公司在其历史上推出了多款使用 V8 引擎的船型轿车，其中一些具有较高的知名度和影响力。

图 2–28　福特 V8 船型轿车（船型车身）

20 世纪 50 年代到 20 世纪 70 年代，有几个里程碑的创新是需要人们永久记忆的。1951 年，克莱斯勒公司推出具有半球形燃烧室的 V8S 发动机；1952 年，美国通用公司推出“别克”牌小轿车（图 2–29），该车成为鱼型车身的代表；1953 年，美国人戴纳 · 富勒创造了 264 千米 / 时的地面行驶纪录，该纪录一直保持了 18 年；1956 年，中国第一汽车制造厂成立，“解放”牌汽车问世；1960 年，克莱斯勒公司制成实用型汽车交流发电机；1961 年，合成橡胶轮胎问世，其寿命比普通橡胶轮胎提高了一倍以上；1963 年，内部带有备胎的轮胎问世，该轮胎能在外胎爆裂以后，利用备胎继续行驶 160 千米以上，同年楔形汽车问世（图 2–30）；1970 年，奔驰公司研制出模拟防抱死制动系统；1971 年，德国保时捷公司生产的“月球漫游者”被美国“阿波罗 1 号”宇宙飞船送往月球执行任务，创造了汽车在外星行驶的奇迹。

图 2-29　1952 年的“别克”牌小轿车（鱼型车身）

图 2-30　楔形汽车

自动变速箱的标准化

本茨的“奔驰一号”没有变速器，只有主减速器，无法退后和变速，只能前进。1889 年，法国标致公司发明了世界上首款汽车变速器，但其操作烦琐，需要发动机转速配合换挡，这可真是高难度技术啊。工程师想到了自动换挡。1908 年，福特公司为“T”型车配备了 2 速自动变速器，虽然它简单可靠，但驾驶者在换挡时需配合油门才能顺畅行驶。

汽车最理想的状态是启动后即可踩油门直接行驶，这使驾驶变得简单易学。让自动变速器变得真正实用可靠，是那时所有汽车工程师的目标。

在汽车发展初期，自动变速器的推动力并非为了提升驾驶舒适性，而是为了防止汽车在战场上频繁熄火。1940 年，美国通用公司推出了世界上第一款大规模生产的全自动变速器——Hydra-Matic（图 2-31）。它采用液力耦合器和三排行星齿轮，提供 4 个前进挡和 1 个倒挡。最初 Hydra-Matic 装配在奥兹莫比尔上，随后凯迪拉克和庞蒂克也采用了这种变速器。

图 2-31　真正意义上的变速器 Hydra-Matic

在第二次世界大战期间，自动变速器迎来了重要的改进。别克公司为坦克开发了液力变矩器，这一技术成果对自动变速器的发展起到了重要推动作用。1948 年，液力变矩器与其他部件结合形成了液力变速器的标准配置，即如今通用的自动变速器。自此之后，自动变速器才真正步入正轨，成为现代汽车的常见配置。

自动变速器加入电子控制系统后，终于逐渐成熟起来。然而，20 世纪 70 年代，大多数汽车仍然使用古老的手动 3 速变速器，而自动变速器则只在高档的汽车中使用。对于这些高档汽车来说，驾驶的平顺性和舒适性都有了大幅提升。1964 年，自动变速箱上的选择按钮按照“倒车—空档—驱动—低速—高速”的顺序实现了标准化。

废气排出控制系统成为汽车上的标准设备

1968 年，废气排出控制系统成为各种汽车上的标准设备。1975 年，美国开始实施 1970 年修订的《净化空气法案》，对汽车的废气排泄进行极其严格的控制。

废气排出控制系统是指用于管理和减少内燃机排放的系统。它的主要功能是监测、控制和净化发动机产生的废气，以减少对环境的污染和保护人类健康。废气排出控制系统通常由以下几部分构成：

排气管和催化转化器：排气管是将废气从发动机导出的管道系统，而催化转化器则是一种装置，通过催化作用将废气中的有害物质转化为较为无害的物质。催化转化器通常包含铂、钯和钌等催化剂。

氧传感器：氧传感器用于监测排气中的氧气含量，以帮助发动机控制系统实现最佳燃烧过程。根据氧传感器的反馈，发动机控制单元可以调整燃油喷射量和点火时机，以优化燃烧效率并减少有害气体的生成。

燃油蒸发控制系统：燃油蒸发控制系统用于控制燃油蒸发产生的有害气体排放。它包括燃油箱通风系统、碳罐和相关传感器，可防止燃油蒸气逸出并可将其导入发动机进行燃烧。

颗粒物捕捉器：柴油发动机通常配备颗粒物捕捉器，它用于捕获和减少排放的固体颗粒物。颗粒物捕捉器利用特殊的滤芯结构和再生技术，将颗粒物捕获并在适当条件下进行清除。

电子控制单元（Electronic Control Unit, ECU）：电子控制单元是控制发动机运行和排放的电子控制模块。它基于传感器的反馈信号，监测和调整发动机的操作参数，以实现更高效的燃烧和减少有害气体的产生。

美国车和日本车

在第二次世界大战中，美国获得了巨额利润。战后，美国的工业迅速发展，汽车工业始终处于世界领先地位。汽车、钢铁和建筑业被誉为美国的“三大支柱”产业，其中汽车工业更是美国工业的骄傲，长期以来美国专注于豪华汽车的研发。然而，1973 年世界爆发的石油危机对美国汽车工业造成了巨大冲击。这对于依赖大型油耗汽车的美国汽车制造商来说，是一个严峻的挑战。

第二次世界大战后的日本在石油危机期间，大量研制和生产小型节油汽车。1980 年日本成功取代美国成为新的“汽车王国”。20 世纪 60 年代是日本汽车历史的转折点，在 20 世纪 60 年代后日本汽车达到了惊人的出口规模。

1980 年，日本汽车的年产量（1 104 万辆）首次超过了美国（801 万辆）。

1980 年，西班牙试制出太阳能汽车。

1990 年，本田导航系统问世，无人驾驶汽车问世，激光、超声波、电视摄像机取代了人眼。

1997 年，安迪 · 格林驾驶“推力 SSC”型喷气式汽车，创下超声速的 1 221 千米 / 时陆地最高车速世界纪录（图 2–32）。

图 2-32 安迪·格林驾驶的“推力 SSC”型喷气式汽车

汽车的造型

汽车设计师将汽车打造成类似人体肌体的形象。这样的设计意图是将冷冰冰的机械注入生命，赋予汽车非凡的艺术魅力，从而给人带来美感。

汽车在发展过程中主要经历了以下车型。

马车型汽车：基本上延续了马车的形式，被称为“无马的马车”。1908 年，福特公司推出了“T”型车，它是福特公司从 1908 年至 1927 年推出的汽车产品。第一辆成品“T”型车于 1908 年 9 月 27 日在美国密歇根州底特律市的皮科特厂生产出来。“T”型车的出现使得 1908 年成为工业史上具有重要意义的一年（图 2-33），它的低廉价格使得汽车从奢侈品变为一种普通的实用工具，进入了寻常百姓之家。由于“T”型车的流行，美国被称为“车轮上的国度”，这突出了汽车在美国社会和文化中的重要地位。

图 2-33　1908 年，福特公司推出的“T”形车

箱型汽车：是福特公司在 1915 年推出的一种与马车型不同的汽车，其外形酷似一个大箱子，配备了门和窗，因此被称为“箱型汽车”（图 2-34），在商品目录中被称为“轿车”。

图 2-34　福特公司在 1915 年推出的“箱型汽车”

甲壳虫型汽车：1934 年，克莱斯勒公司率先采用了流线型设计，到 20 世纪 40 年代末，这一时期是流线型汽车的“黄金时代”。1937 年，费迪南德·保时捷博士充分发挥了甲壳虫外形的优势，使得“大众”汽车成为当时流线型汽车的代表（图 2–35）。

（a）甲壳虫型汽车　　（b）流线型汽车

图 2–35　甲壳虫型汽车和流线型汽车

船型汽车：福特公司在 1949 年推出了一款具有历史意义的新型 V8 型汽车，它的车身造型类似一只小船，因此被称为船型汽车（图 2–36）。这款车较好地解决了甲壳虫型汽车在横风下不稳定的问题。如今，福特公司的四门四窗、带有行李箱的轿车被全球公认为轿车的标准形式。

图 2–36　福特公司在 1949 年推出的船型汽车

鱼型汽车：克服了船型汽车尾部过长产生的空气涡流问题。1952 年，别克牌轿车开创了鱼型汽车时代。鱼型汽车（图 2–37）背部与地面所成角度小，尾部较长，减小了涡流阻力。鱼型汽车还增加了行李舱容积，适合家庭旅行。然而，鱼型汽车存在弱点。为克服后窗玻璃强度下降和汽车较大的升力问题，设计师添加了一个上翘的“鸭尾巴”，形成了“鱼型鸭尾式”车型。

图 2-37　鱼形汽车

楔形汽车：将车身整体向前下方倾斜，车身后部像刀切一样平直，这种造型能有效地克服升力。通用公司的奥兹莫比尔·托罗纳多在 1968 年改进并推出了楔型汽车，后来楔形造型也被凯迪拉克埃尔多采用。楔形造型主要用于赛车，流体力学和空气动力学等问题对汽车的影响是赛车首要考虑的。丰田的 MR2 中置发动机跑车可以看作楔型汽车的代表（图 2-38）。

图 2-38　丰田的 MR2 中置发动机跑车

第四次工业革命的汽车

21 世纪开始的第四次科技革命（第四次工业革命）是继蒸汽技术革命、电力技术革命和计算机及信息技术革命之后的新一轮科技革命。这次革命以人工智能、机器人技术、虚拟现实技术、量子信息技术、可控核聚变技术、清洁能源技术和生物技术为突破点，推动着工业的发展，将深刻改变人们的生活方式和产业结构，带来新的机遇和挑战，主要发生于中国、日本、德国、美国等科技大国。

汽车发展的战略

汽车产业 + 互联网 + 人工智能，汽车产品 + 电动化 + 互联网 + 人工智能 + 自动驾驶，是第四次世界汽车工业革命的主要特点。重新定义和设计智能汽车，重新定义和建设智能的世界汽车产业是世界汽车工业革命的主要特点和任务。

在未来的生活中，我们设想的汽车将是“零伤害、零污染、零浪费”的。它们将通过自动驾驶技术避免与其他车辆或行人发生碰撞，使用新能源技术以减少环境污染，而且能够高效运行，仅在维修和充电时才停止运行。配合智能交通技术，堵车和满城皆是停车场的现象将得到彻底改变，这解决了汽车挤占城市空间的问题。

对于汽车产业而言，信息和资源共享将成为主流，严格的专业分工将成为特点。产业模式也将由原始竞争转变为联网协同设计，智能制造、网上车展和销售，以及售后服务，将为用户提供全方位的服务体验。

随着通信技术、制造技术和汽车技术的高速发展，通过联合世界汽车产业及其关联产业，甚至各个国家，第四次世界汽车工业革命不仅可以推动人类社会向和平、和谐、环保、健康和可持续的方向发展，还能激发大众的创业激情，加速各个产业的融合，实现全球汽车产业的共赢发展。

技术路线的预测

第四次世界汽车工业革命技术路线预测将经历 3 个大的阶段，分别为零事故、零污染、自动驾驶。

随着技术的飞速进步，汽车产业正迈向第一阶段，即零事故阶段。当前汽车安全主要依赖保险杠、安全气囊、安全带及可靠的车身结构，但这些并未完全消除事故。我们的目标是设计制造一款能确保不撞击人、车或其他障碍物的汽车。通过智能控制车速、车距、超载和防止误操作，汽车将能在遇到任何障碍前自动减速和停车。这个突破将大幅改变汽车安全情况，使汽车大幅减重，成为第四次世界汽车工业革命的重要目标（图 2–39）。这需要国际汽车产业界及各国法规配合进行技术研究和法规调整。

图 2-39　丰田 bZ4X 在发生碰撞后电机自动断电防止发生爆炸或自燃

当汽车能在完全的状态下行驶时，自动驾驶将得到快速发展。互联网、通信、人工智能、导航、遥控、雷达、传感等新技术的广泛应用，使汽车进入初级互联阶段，实现了安全互联和信息共享。智能加油及刹车系统的发展和普及，危险驾驶行为的预警和防止系统、货车超载预防、故障汽车上路禁止等智能技术的推行，将使汽车出行进入零事故阶段。

第四次工业革命的核心就是零污染和智能化。随着电动、氢气、太阳能、风能、核能等技术的升级和推广，汽车进入零污染时代。非接触式充电道路体系的建成，使汽车在行驶中可以充电，电动汽车间可以分享电能，从而大幅降低了电池质量和价格。特别是换电技术、车电分离、电池银行等新技术的推广，将大大提高电动汽车的续航里程和降低成本。

随着互联智能驾驶技术的全面应用和零事故体系的推行，自动驾驶成为基本配置。燃油汽车将逐渐退出历史舞台，新能源汽车将以后发优势加速推广使用。

汽车产品的轻量化和智能化，以及汽车产业智能设计制造技术的高速发展，将使未来汽车的制造成本大幅度降低。充电和换电体系的完善，以及太阳能、风能、核能在汽车上的广泛运用，将显著降低电动汽车的使用成本。

汽车内的学习、生活、工作、娱乐等个性化服务内容也将极为丰富（图 2-40）。汽车将逐渐转变为一个智能消费空间，而消费者对汽车本身的交通功能的使用将实现零成本。在第四次科技革命的推动下，人工智能将在汽车上得到大量应用，自动驾驶将成为主流，自动驾驶将迎来发展的高潮。

图 2-40　车联网的应用让车主的生活变得更加便捷与智能

总的来看，第四次世界汽车工业革命将在未来大约 30 年的时间里，推动汽车实现零事故、零污染、自动驾驶的三个划时代的目标。

世界各国的探索

在自动驾驶和电动汽车领域，美国的特斯拉已经引领了市场。特斯拉是美国一家电动汽车及能源公司，总部位于帕洛阿托，这个名字是为了纪念物理学家尼古拉·特斯拉。特斯拉的第四款汽车 Model 3 首次公开于 2016 年 3 月（图 2-41）。在美国，谷歌的 Waymo，以及苹果、Uber 和 Lyft 也都在自动驾驶技术研发上投入了巨大资源。美国政府也在积极调整法规，以适应自动驾驶汽车的上路需求。

图 2-41　特斯拉的第四款汽车 Model 3

中国电动汽车市场的发展尤为显著。中国政府通过一系列的激励政策，鼓励更多的消费者选择电动汽车。

中国的上汽（图 2-42）、北汽、比亚迪、奇瑞、吉利等各个传统汽车企业及蔚来、小鹏、理想等新兴自主品牌纷纷推出自己的新能源汽车。

图 2-42　上汽推出的高端电动汽车品牌，代号为“L”

欧洲汽车如大众、宝马和奔驰（图 2-43），都在电动汽车和自动驾驶技术方面取得了重要进展。欧洲联盟为了推动电动汽车和自动驾驶汽车的发展，制定了严格的车辆排放标准，并在公共交通领域推广了自动驾驶技术。

图 2-43　2021 年 4 月，梅赛德斯－奔驰概念车登场

日本的丰田、本田和日产等公司都在电动汽车和自动驾驶技术方面做出了重要贡献（图 2-44）。另外，韩国、印度、加拿大、澳大利亚、巴西等国，尽管在电动汽车和自动驾驶技术的发展速度和方式上存在一些差异，但都在朝着电动化和自动化的方向发展。

图 2-44　由日本庆应大学研发的新型电动汽车

智能汽车时代的基础——智能互联

第四次世界汽车工业革命催生了持续升级的智能汽车和高效低耗的汽车产业。对未来汽车的重新定义及现有汽车产业的全新规划设计将孕育出大量新的智能互联网汽车技术公司，推动新技术与汽车产业的结合，汽车将进入零伤害、零污染、自动驾驶的新时代。

在市场和企业之间，信息高速公路的建设使得市场需求、产品设计、制造体系、后市场服务体系等各个价值链环节充分互联，整个产业群变得更加智能、高效、人性化，这实现了零伤害、零污染、零浪费。

未来，将有许多的行业技术标准和代码变得开放，这种开放和共享将加速互联网行业的标准化和发展。世界汽车产业完全可以借鉴这种思路，加大对汽车行业的标准模块化和智能化建设的支持力度，推动智能化汽车产业时代的到来。

中国汽车的新赛道

在智能互联汽车时代，中国政府和汽车企业积极参与并主导国际智能汽车相关技术的开发和标准的制定工作。在未来 10 年内中国有望超越美国，成为全球最大汽车强国。在基建强国的基础上，中国汽车工业创造了一次又一次的历史，我们这一代人有幸见证这一进程。进入 21 世纪，随着国民经济的快速发展和居民可支配收入的持续提升，中国汽车工业进入了高速发展阶段，汽车保有量也在逐年增加（图 2-45）。

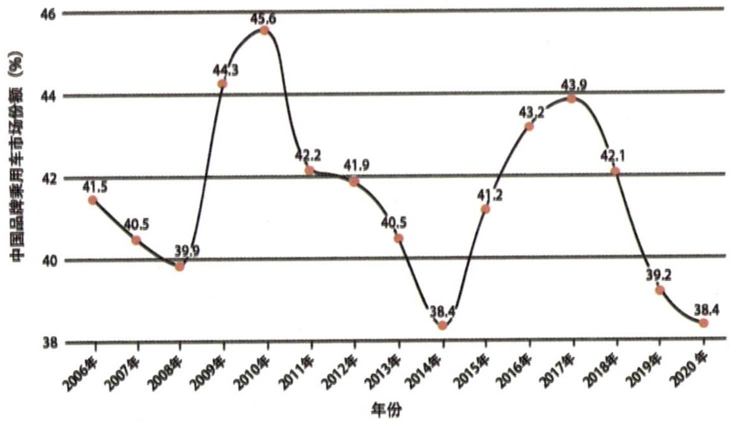

图 2-45　2006—2020 年中国品牌乘用车市场份额变化示意图

目前，新基建项目以 5G 基站建设、特高压电网、城际高速铁路和城际轨道交通、新能源汽车充电桩、大数据中心、人工智能和工业互联网为主导，成为发展的核心。中国积极推进充电桩基础设施建设，并持续加大对换电技术的支持力度。2021 年，国内已拥有 88.4 万台公共充电桩，蔚来、长安等公司也在布局换电网络，蔚来公司已建立 300 座换电站，第二代换电站每 5 分钟即可完成一次换电。

在雄安新区，无人驾驶车辆已普遍存在。得益于道路数字化改造、车辆网联化改造、车路协同云平台建设和封闭式无人驾驶道路建设等，中国汽车工业正在实现快速发展。

在新能源汽车的赛道上，从新能源到新势力，中国品牌已经有实力将更领先的技术整合在智能驾驶、新能源汽车领域。2021 年，比亚迪刀片电池、宁德时代电池、比亚迪 DM-i 技术、长城汽车 L4 级自动驾驶已遥遥领先于欧美国家；蔚来公司单一车型销量已超过传统二线豪华品牌；吉利公司推出的极氪 001（图 2-46），足以说明中国品牌的蜕变。

图 2-46　极氪 001

如今,《区域全面经济伙伴关系协定》等自贸协定达成，经济全球化趋势不可阻挡，在国际气候议题中，实现碳达峰、碳中和已经成为重中之重，汽车产业的风向标正聚焦在中国这条赛道上。

能源和汽车

能源

在《中华人民共和国节约能源法》中，能源不仅包括煤炭、石油、天然气、生物质能以及电力、热力，还包括其他直接或者通过加工、转换获得有用能的各种资源。

能源分为一次能源和二次能源。一次能源即指自然界中已经存在的能源，例如煤炭、石油、天然气和水能等。而二次能源则是通过对一次能源进行加工和转换得到的能源，例如电力、煤气、蒸汽、汽油、柴油、焦炭、洁净煤、激光和沼气等。

一次能源

一次能源的核心是煤炭、石油和天然气，它们是全球能源的基础，太阳能、风能、地热能、海洋能、生物能等可再生能源也包括在一次能源的范围内。

煤是一种常见的化石燃料（图 3-1），由碳、氢、氧和少量氮、硫等元素组成。它形成于数百万年的地质过程中，是由植物残骸在高温高压下分解和压实而成的。煤具有高热值和相对低成本，因此被广泛用于发电、供暖和工业生产。它可直接燃烧产生热能，或通过燃烧产生蒸汽驱动发电机发电。然而，煤燃烧释放二氧化碳等温室气体和污染物，对环境造成负面影响，与空气污染和气候变化相关。因此，全球范围内推动清洁能源转型、减少对煤的依赖已成为重要的能源和环境政策。随着可再生能源技术的进步，人们逐渐寻求替代煤的能源选择，如太阳能、风能和核能，以减少对煤的依赖，实现可持续能源转型。

图 3-1　煤炭燃烧，产生热能

石油是一种主要由碳和氢元素组成的化石燃料，源于数百万年前的古生物，经过地质变迁形成。石油在全球能源供应中占重要地位，常被当作交通燃料、热能和化工原料。石油经提炼可产生汽油、柴油、润滑油、石脑油、沥青等产品。然而，石油开采导致环境污染，石油燃烧释放大量二氧化碳和污染物，因此石油成为全球气候变化和空气污染主因（图 3-2）。全球推动能源转型，寻求更清洁、可持续能源替代石油。石油储量有限，面临枯竭问题。在科技进步下，开发替代能源、提高能效和转变能源使用方式取得进展，这减少了人们对石油的依赖。

图 3-2　炼油厂的夜景

天然气是一种主要由甲烷（CH_4）构成的化石燃料（图 3-3），经常与石油在地下共同被发现。天然气的形成源于数百万年前的古生物，经过地壳压力和温度的长期作用，生物残骸经历分解、热化等过程，最终形成天然气。

图 3-3　新疆天然气储气罐

天然气主要用于发电、供暖、工业生产和交通工具。与煤炭和石油相比，天然气的燃烧产生的二氧化碳和其他污染物相对较少，因此被视为相对清洁的化石燃料。然而，天然气在开采和运输过程中可能发生泄漏，释放出的甲烷是一种强效的温室气体，对全球气候变化有显著影响。此外，天然气的储量有限，也面临枯竭的问题。

核能是一种一次能源，可通过重元素（如铀、钚）的原子核裂变或轻元素（如氢）的原子核聚变来产生能量。裂变将重元素原子核分裂成较小的核并释放能量，这是目前核电站主要采用的方式（图 3-4）。聚变是轻元素原子核合并形成更重原子核并释放能量，这种过程在太阳和其他恒星内部发生，在地球上实现可控、经济有效的核聚变仍然是未来的科技挑战。

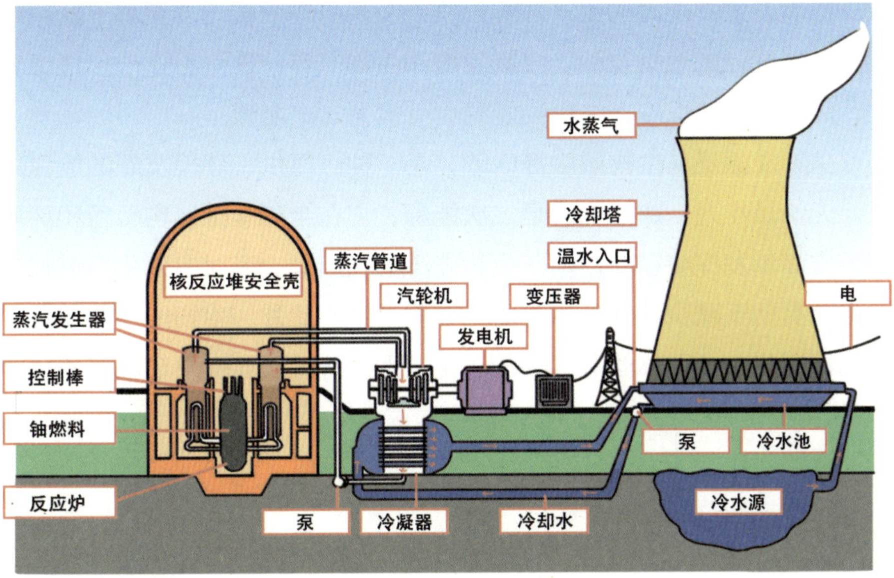

图 3-4　核能发电流程示意图

核能是一种高密度、低碳的能源，不像化石燃料燃烧会产生大量温室气体。然而，核能的使用也面临挑战，这些挑战包括核废料的处理和储存、核设施的安全管理以及潜在的核扩散风险等。解决这些问题需要严格的管理和技术创新，需要确保核能的安全性和可持续性。

尽管核能具有潜力成为清洁能源的一部分，但其发展仍受到公众对安全和环境问题的关注。因此，核能的应用需要与其他可再生能源（如太阳能和风能）相结合，以实现能源多样化和可持续发展的目标。

生物能源

生物能源（生物质能）将有机物质（如植物）作为燃料，通过气体收集、气化、燃烧和消化等技术产生能源。严格来说，生物能源可以视为一次能源，因为它直接来源于生物质，是一种自然存在的原始能源形式。然而，生物能源的生产过程通常涉及将生物质转化为更易于使用或运输的形式，如生物柴油、生物乙醇和生物气等，这可看作一种能源转化，因此在某种程度上，生物能源也可视为二次能源。

生物能源是从生物质中提取的，是一种可再生、环境友好的能源形式。无论是作为一次能源还是二次能源，它在全球能源结构转型和环境保护方面都发挥着重要作用。生物能源的利用减少了对有限化石燃料的依赖，有助于减少温室气体排放和环境污染。此外，生物能源的生产和利用促进了农业和林业废弃物的利用，为可持续发展提供了经济和社会效益。

二次能源

二次能源是指通过转化一次能源（如煤、石油、天然气等）得到的能源。这些能源通常更适合运输和使用。常见的二次能源包括电力和热能。

电力是以电能为动力的能源。电能可以通过多种方式产生，如化石燃料燃烧、水力发电、核能发电、风能发电和太阳能发电等。电力具有易于传输和使用的优点，可驱动各种设备和机器，也可用于供暖和冷却。

中国电力的90%来自火力发电和水力发电。火力发电是利用可燃物燃烧产生热能，并通过发电设备转换成电能的一种发电方式。中国拥有丰富的煤炭资源，火力发电仍具有巨大潜力。

根据发电方式，火力发电可分为燃煤汽轮机发电、燃油汽轮机发电、燃气－蒸汽联合循环发电和内燃机发电。虽然火力发电仍占据电力市场的大部分份额，但其技术必须不断改进和发展，以适应和谐社会的要求。

水力发电是将水能转化为电能的工程技术（图3–5）。水力发电利用水体中的位能来实现能量转换。为了将水能转化为电能，我们需要建设不同类型的水电站。

图3–5　世界第一大水电站——中国三峡水电站

在中国电力需求的强劲推动下，水轮机及辅机制造行业进入快速发展阶段。该行业的经济规模和技术水平都有显著提高，中国水轮机制造技术已达到世界先进水平。

热能也是一种重要的二次能源，是指物体的微观粒子的无规则热运动所具有的能量，可以通过热传导、对流和辐射的形式进行转移，通常通过燃烧化石燃料或生物质、转化核能或太阳能等方式产生。为了促进热源低碳化发展，加大“开源”力度，人们多选择清洁、低碳的供热方式，这些供热方式包括热电联产、地热能、工业余热以及太阳热能利用等。

热电联产是一种同时产生电力和热力的过程，提高了能源的总效率。在中国，许多大型工业设施和城市供热系统都采用了热电联产技术（图 3–6）。

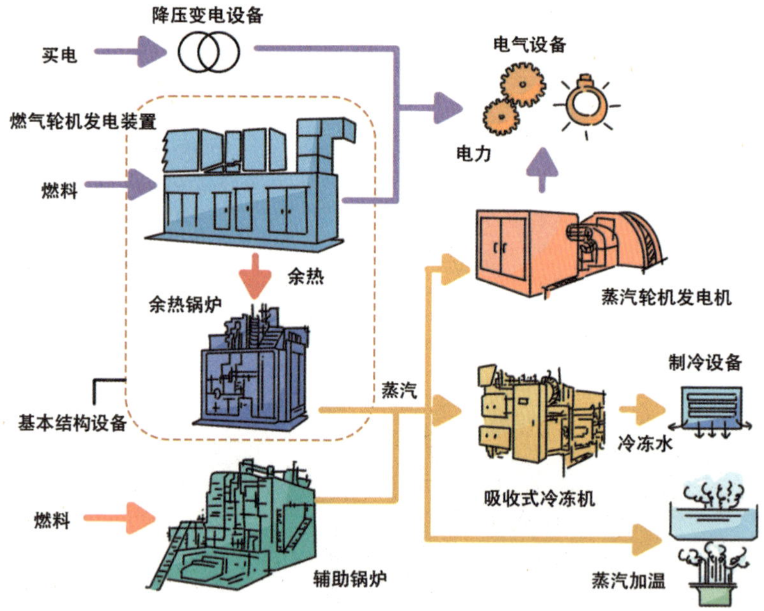

图 3–6　热电联产系统示意图

地热能是地球内部的热能。中国在地热能开发方面拥有丰富的资源和潜力，地热能常用于供暖、发电和热水等（图 3–7）。

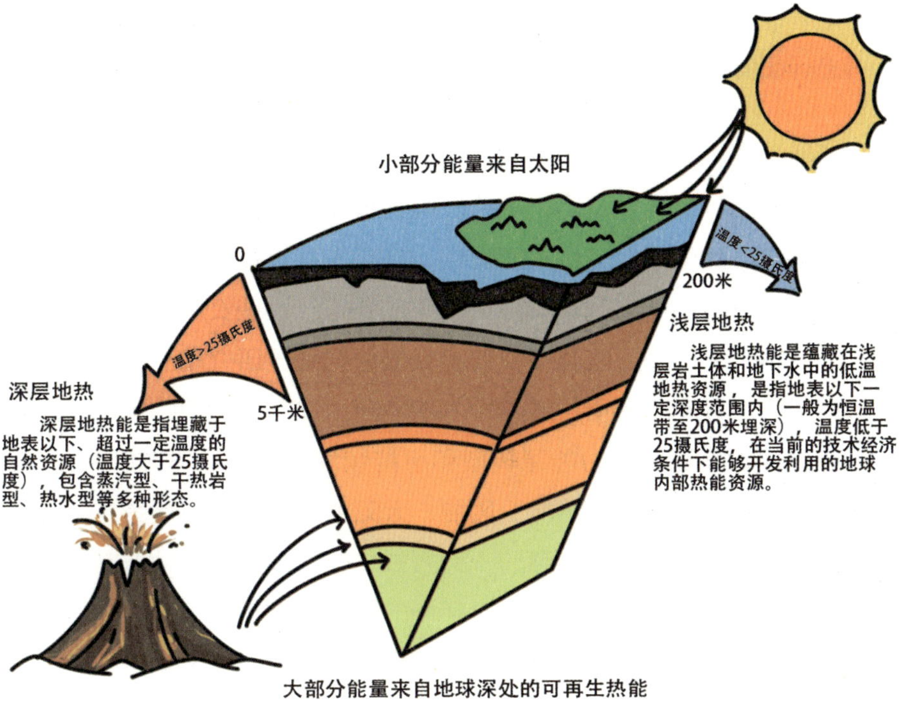

图 3-7　地热能

工业余热利用，许多工业过程会产生大量的废热。中国已经开始对这些废热进行回收，并将其用于产生电力或供热。

太阳的热能通常通过太阳能集热器进行收集。在中国，太阳热能被广泛用于热水供应、空调、供暖以及工业加热。

中国在热能利用方面有着大量的机会和潜力，这将有助于中国实现其能源效率和可再生能源的目标，从而降低对化石燃料的依赖，减少温室气体排放。

新能源

新能源是相对于传统能源而言的，包括太阳能、风能、地热能、海洋能、生物能、氢能以及用于核能发电的核燃料等能源。新能源虽然能量密度较小、品位较低，具有间歇性，并且在现有技术条件下转换利用的经济性尚不高，但它们具有再生能源的特点。这些资源非常丰富且分布广泛，是未来的主要能源。目前，新能源仍处于研究和发展阶段，只能因地制宜地开发和利用。随着技术的不断进步，新能源的利用将发挥越来越重要的作用，将为能源转型和可持续发展提供可靠的解决方案。目前的新能源主要是指：氢能、风能、太阳能、海洋能和核聚变能。

氢能是指将氢气作为能源的一种方式。氢气本身是一种非常清洁的燃料，其燃烧产物只有水，因此对环境的影响非常小。然而，氢气的生产、储存和运输都存在一些挑战，这些挑战需要通过技术创新和基础设施建设来克服。

燃料电池可以将氢气和氧气直接转化为电能和水，该转化效率高且无污染。在中国，氢能燃料电池已经被用于公共交通（例如，燃料电池公交车和轨道交通）以及一些商业运输领域。随着氢能技术的发展，氢气有望在更多工业领域得到应用。

氢气可以作为一种有效的储能方式，尤其在解决可再生能源（如太阳能和风能）的间歇性问题方面具有潜力。

风能是一种可再生能源，风力发电是通过风力驱动风力发电机转动，将风的动能转化为电能的过程。风力发电具有清洁、可再生、无排放和绿色环保等优点，是目前应对全球气候变化、实现能源结构转型的重要方式之一。

太阳能是利用太阳辐射能进行能源转换的可再生能源形式。它广泛应用于发电、供热和热水等领域。

太阳能发电主要通过光伏技术实现，光伏技术可以利用光电效应将太阳光直接转化为电能。光伏电池将太阳光转化为直流电后，直流电可以通过逆变器转换为交流电供电。

除了光伏发电（图 3-8）外，太阳能还可以通过太阳能热水器、太阳能集热器和太阳能空调等设备实现能源利用。太阳能空调系统利用太阳能供给冷热源，实现空调制冷或供暖。

图 3-8 中国的光伏技术领先世界

太阳能具有清洁、可再生、分布广泛和长期可持续的优点。它可以减少人们对传统化石燃料的依赖、环境污染和温室气体排放，这对气候变化和环境保护具有重要意义。

海洋能是利用海洋中的能量资源进行能源转换的可再生能源形式，包括潮汐能、海浪能、海流能和海洋温差能等。

潮汐能发电是利用海洋潮汐的涨落差进行能源转换（图 3-9），通过潮汐涌动时的水流驱动涡轮机产生电力的过程（图 3-10）。

图 3-9　潮汐能发电

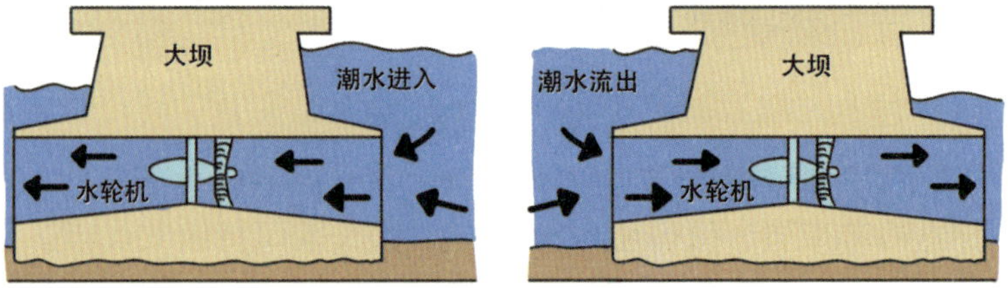

图 3-10　潮汐能发电原理

海浪能发电是利用海浪的机械能进行能源转换，使用海浪能收集装置和发电设备捕捉海浪的机械能，并将其转化为电能的过程。

海流能发电是利用海洋中的水流能量进行能源转换，利用涡轮发电机捕捉水流动力，并将其转化为电能的过程。

海洋温差能发电是利用海洋中的温度差异进行能源转换，通过温差发电机或温差引发化学反应将热能转化为电能的过程。

海洋能具有巨大的潜力和持续稳定性，是一种可再生、清洁且相对稳定的能源。

核聚变能是利用核聚变反应释放能量的能源。核聚变是指将轻核（如氘和氚）融合成更重的核，并释放出巨大的能量。氘和氚在高温高压条件下融合成氦，并释放能量。这种反应释放的能量在核能中最强大且不产生高放射性。核聚变是太阳和恒星等天体能源的主要机制。

实现可控核聚变是科学界和工程界的挑战之一。目前最有希望的实现方式是利用磁约束聚变装置，如托卡马克（图 3–11）等。这些装置利用磁场控制和约束高温等离子体，实现核聚变反应并释放能量。

图 3–11　中国领先世界的托卡马克核聚变实验装置

核聚变能具有许多潜在优点。首先，它是一种清洁能源，不产生大量温室气体和长期高放射性废物。其次，核聚变燃料（氘和氚）广泛存在于地球上的水中，具有丰富的资源潜力。最后，核聚变释放的能量非常高，远超过化石燃料燃烧和核裂变（图 3–12）。

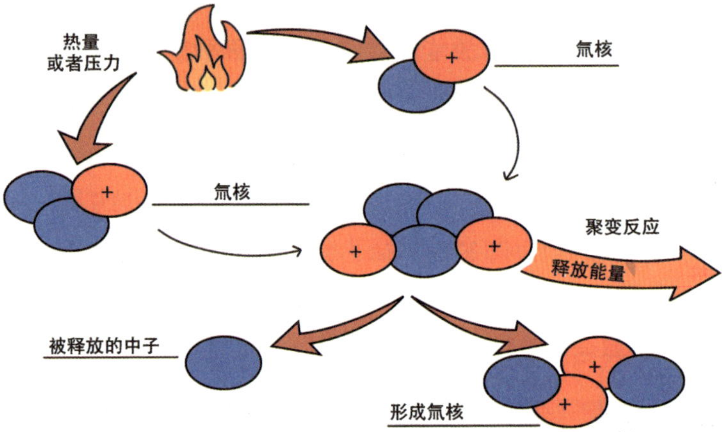

图 3–12 核聚变示意图

尽管核聚变能的商业应用仍在发展中，但它被认为是一种具有巨大潜力的能源形式，可以为未来的清洁能源转型提供可靠且可持续的解决方案。随着技术的进步和研究的深入，我们有望实现可控核聚变，并将其应用于大规模能源生产，从而为全球能源需求问题提供可持续且清洁的解决方案。

目前，中国已成为全球新能源发展的领导者之一。中国积极推动可再生能源的开发和利用（图 3–13），特别是太阳能和风能。太阳能发电和风能发电已经在中国取得了显著的进展，已经成为国内电力系统的重要组成部分。此外，中国还注重发展能源储存技术和智能电网，以提高新能源的可靠性和稳定性。

图 3-13　宁德时代，新能源领域的一匹“黑马”

危机呼唤新能源汽车

能源危机和环境危机为汽车工业带来了一系列挑战和机遇。

世界经济的现代化在很大程度上依赖于化石能源，如石油、天然气、煤炭的广泛应用。这些能源被视为现代经济建立的支柱。然而，这种经济的基础资源将在 21 世纪上半叶迅速接近枯竭的局面。

根据预测，石油在 2050 年左右将宣告枯竭，而天然气预计在 57 ～ 65 年内消耗殆尽，煤炭的储量可能能够维持供应大约 169 年，而铀的开采按目前的年开采量仅能维持到 21 世纪 30 年代中期。此外，核聚变能源作为一种期望的替代能源，至 2050 年也未必能实现其潜力。

若我们过度依赖化石能源，比如石油，一旦供应链出现问题，世界经济就会受到冲击。一旦我们用光了资源，或因价格飙升，引发一些国际纷争，甚至导致经济危机。这就是我们需要开始考虑可持续发展和替代能源的原因。

我们现在面临的挑战是转变能源使用方式，并实施可持续发展战略。我们需要减少对有限资源的依赖，建立一个环保、稳定的经济体系，为未来创造一个可持续、更繁荣的世界。因此，汽车行业也应该考虑减少对石油的依赖，比如推广新能源汽车（图 3-14）。这样不仅能保证能源供应的安全，还能推动可持续能源的发展。

图 3-14　推广新能源汽车，不仅能保证能源供应的安全，还能推动可持续能源的发展

我们正面临严重的环境危机，需要全球合作来应对。气候变化导致全球气温升高，极端天气频发，这主要归因于人类活动排放的温室气体，如二氧化碳，对生态、农业、供水和人类居住地产生的深远影响。同时，人类活动，如森林砍伐、非法野生动植物贸易等，加速了生物多样性的丧失，对生态系统功能和人类的食品安全产生了威胁。

我们过度消耗自然资源，如石油、天然气、煤炭等化石燃料，引发能源安全和气候变化问题。水资源、土地资源和矿产资源也面临耗竭的风险。工业化、城市化和农业活动使水和空气污染严重，影响水质、空气质量，甚至威胁人类健康和生活质量。

全球垃圾，尤其是塑料废物剧增，对海洋生态系统和人类健康造成威胁。塑料垃圾分解需要数百年，这使得污染问题难以解决。

这些环境危机直接或间接导致汽车工业的供应链的变化和生产成本的提高，汽车工业只有适应和改变才能在这个变化的环境中生存发展。

于是，“碳达峰”“碳中和”顺应时代要求成为当下亟须解决的问题。

这里所说的“碳”，就是二氧化碳，“中和”就是正负相抵。

在我们的日常生活和工作中，不管是开车、下厨还是使用电力，都会有二氧化碳排放。但是，我们可以通过种树、节能措施和减少碳排放等方法来弥补产生的二氧化碳，让二氧化碳排放量和吸收量相互抵消，达到所谓的“碳中和”。

那么，“碳中和”为什么总是和“碳达峰”一同出现呢（图 3-15）？“达峰”和“中和”有什么区别呢？

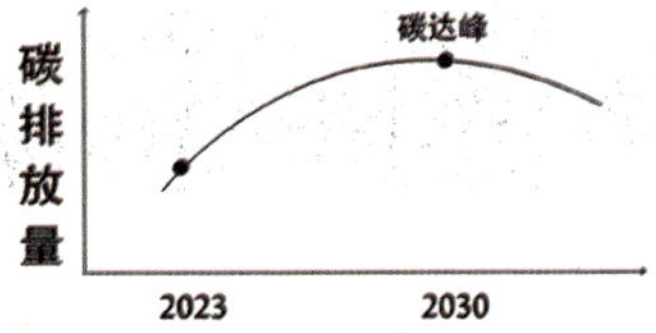

（a）“碳达峰”

（b）“碳中和”

图 3-15　“碳达峰”和“碳中和”示意图

“碳达峰”说的是某年的碳排放量达到最高点，然后开始逐渐减少。简单地说，就是当碳排放量不再增加，而开始从高点下降时，就表示我们已经实现了“碳达峰”。然而，人类总是无法完全避免碳排放，所以我们需要通过吸收措施来弥补。当我们吸收的碳量等于排放的碳量，也就是说排放等于零时，这就是我们所说的“碳中和”。“中和”是指二氧化碳达到相对零排放。这么说来，应该是先“达峰”后“中和”。

我国提出了 2030 年“碳达峰”、2060 年“碳中和”的目标。在“十四五”时期，实现“碳达峰”是最重要的任务。只有实现“碳达峰”，才有可能实现“碳中和”。二氧化碳是一种寿命很长的气体，其寿命可达百年。如果我们现在不采取措施，到 2030 年才开始刹车，那么要再等上 10 年才能达到峰值。因此，能源结构转型是迫在眉睫的任务，而新能源汽车在实现能源结构转型中扮演着重要的角色。

汽车，尤其是传统燃油汽车，是二氧化碳排放的主要来源之一。燃烧汽油或柴油时，车辆会向大气中释放大量二氧化碳，加剧全球变暖。减少和抵消这些排放，实现汽车的“碳中和”，有以下两种主要方式：

一是改进汽车技术，使汽车能够在燃烧更少的燃料下行驶更远的距离，从而减少每千米的二氧化碳排放，这是实现汽车“碳中和”的一种重要途径。

二是发展新能源汽车，因为新能源汽车的运行不依赖燃油，所以不会直接排放二氧化碳。然而，新能源汽车的碳足迹还取决于其动力来源。如果动力来自可再生能源，如风能或太阳能，那么新能源汽车的运行可以被认为是实现“碳中和”的方式。

新能源汽车

新能源汽车是指采用非常规车用燃料或采用新型车载动力装置的汽车，具有先进的技术原理和新技术、新结构。

新能源汽车包括纯电动汽车、增程式电动汽车、混合动力汽车、燃料电池电动汽车、氢燃料电池汽车等。

新能源汽车以燃油能源节约、废气排放少、效率高和噪声低为特点。将天然气、石油气、氢气、电力等作为动力来源，可以有效地保护环境。新能源汽车是应对环保和石油危机的重要选择，摒弃传统的燃油驱动内燃机，能为减少污染和能源危机做出贡献。

纯电动汽车是一种将单一蓄电池作为储能动力源的汽车。它通过将电池作为能源储存装置，将电能传输给电动机驱动车辆行驶。纯电动汽车的可充电电池包括铅酸电池、镍镉电池、镍氢电池和锂离子电池等，这些电池能够为纯电动汽车提供动力。同时，纯电动汽车利用电池储存电能，以驱动电动机正常运转，实现车辆的行驶。

混合动力汽车是由至少两个能够同时运转的独立驱动系统组合而成

的汽车。它的行驶功率取决于车辆行驶状态。在一种情况下，单个驱动系统单独提供动力；在另一种情况下，多个驱动系统共同提供动力。这种设计让混合动力汽车能够根据需求灵活调配能源，以实现更高的燃油效率和更低的排放。通过结合内燃机和电动机的优势，混合动力汽车在提供强劲动力的同时，减少了对传统燃油的依赖，为环境保护做出了贡献。

氢发动机汽车，也称为氢动力车，主要以氢燃料电池为发电装置（图 3-16）。它是新能源汽车中最环境友好的类型，能够实现零污染和零排放。然而，氢动力车的生产成本较高，比传统燃油汽车多出约 20% 的成本。此外，氢动力车的电池成本也很高，且受到储存和运输条件的限制，实际应用较为困难。

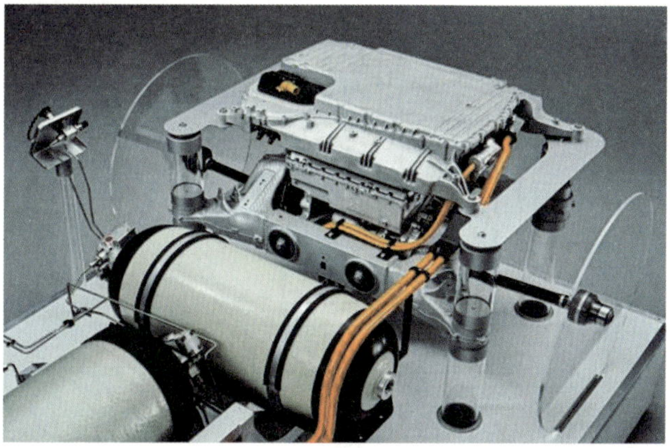

图 3-16 新能源汽车上的氢燃料电池

增程式电动汽车与电动汽车相似，通过电池向电动机提供动力，推动车辆行驶。它们的不同之处在于增程式电动汽车配备了一个汽油或柴油发动机，该发动机用于在电池电量过低时为电动汽车提供额外的电力补充。

甲醇汽车是指以甲醇代替传统石油燃料的汽车。它们通过燃烧甲醇来产生动力，从而推动车辆行驶。甲醇是一种替代燃料的选择，但目前在市场上的普及程度较低。

压缩空气动力汽车，简称气动汽车，将高压压缩空气作为动力源，将储存的压力能转化为机械能，从而驱动汽车运行。以液态空气和液氮等吸热膨胀做功为动力的气体动力汽车也属于气动汽车范畴。

飞轮储能汽车将车辆减速滑行或制动减速过程中的动能或重力势能转化为其他形式的能量，并存储在高速飞轮中以备车辆驱动使用。飞轮采用磁悬浮方式，在高速旋转时速度达到 70 000 转 / 分。飞轮储能电源系统在混合动力汽车中作为辅助装置（图 3–17），具有能源使用效率高、轻量化、储能高、响应迅速、维护成本低、寿命长等优点。

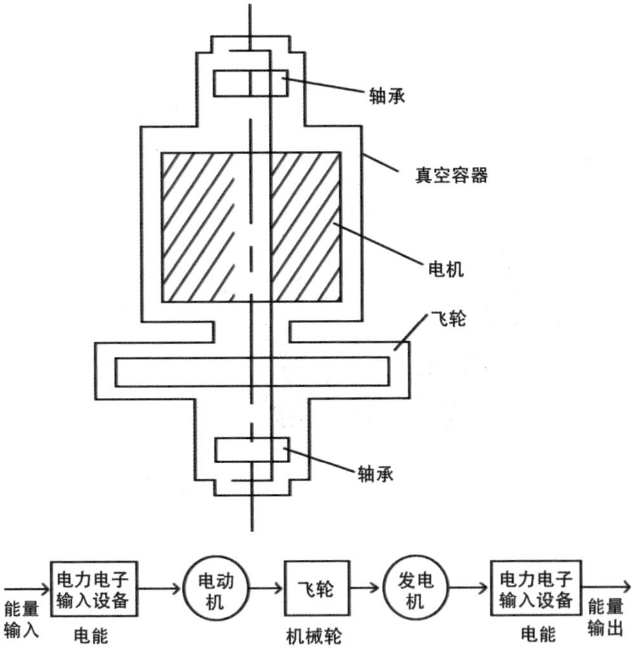

图 3–17　飞轮储能电源系统的原理图

超级电容器是利用双电层原理的电容器。在超级电容器的两极板上，在电荷产生的电场作用下，在电解液与电极间的界面上形成相反的电荷分布层，以平衡电解液的内部电场。这种电荷分布层称为双电层，使得超级电容器的电容量非常大。超级电容器与蓄电池组成的混合电源能够满足车辆行驶时的能量需求（图 3-18），并且能够缓冲瞬时大功率对储能系统的冲击，延长蓄电池的寿命。此外，超级电容器具有快速充电和高效能量回馈的特点，能够瞬间释放大电流，提高能量利用效率。

图 3-18　2010 年上海世博会专线用车——超级电容新能源汽车

新能源汽车
需要解决的关键技术

新能源汽车的电池

纯电动汽车是一种没有发动机的汽车，它通过电动机驱动车辆行驶。与传统的内燃机汽车相比，纯电动汽车将电池组作为能量储存装置，通过电流和电力调节器将储存的电能转化为电动机所需的能量。简而言之，纯电动汽车的工作原理类似于电瓶车。

在工作过程中，蓄电池储存电能，电流经过电力调节器调节后，输送到电动机。电动机将电能转化为机械能，并通过动力传动系统将动力传输到车轮上，推动汽车行驶。这意味着纯电动汽车是由电动机直接驱动车轮的，而没有传统发动机参与驱动过程（图 4–1）。

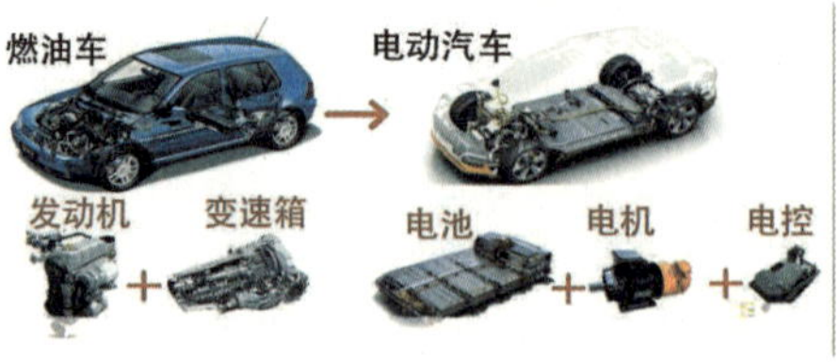

图 4–1　燃油车动力系统与电动汽车动力系统的对比图

电动汽车的动力系统（图 4–1），也就是电机，接收来自电源的电能，并将其转化为机械能。这种机械能通过传动装置或直接驱动车轮和其他工作装置，实现相应的功能和动力输出。

新能源汽车的电池

新能源汽车广泛将化学动能电池作为其主要的蓄电池。这些电池包括镍氢充电电池、磷酸铁锂离子电池、镍钴锰酸锂充电电池（三元锂电池）、铅酸蓄电池、钴酸锂离子电池等几大类别。

根据充电电池的构造，新能源汽车可以分为电瓶和固态电池两种类型（图 4–2）。电瓶组适用于纯新能源汽车，属于二次电池的范畴，可以进行反复充电和放电。固态电池则是将燃料的机械能直接转化为电能的发电设备，属于一次电池的范畴。

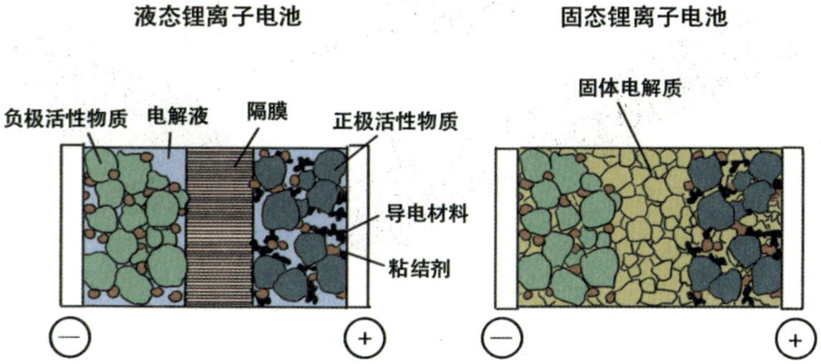

图 4–2　液态锂离子电池和固态锂离子电池的对比图

新能源汽车的电池技术主要涵盖了锂离子电池、固态电池和燃料电池等几种类型。

锂离子电池是目前最常用的电池，具有高能量密度和较长的循环寿命，被广泛应用于电动汽车领域。

固态电池是一种新兴的电池，它以固态电解质代替传统液态电解质，具有更高的安全性和能量密度潜力。

燃料电池则利用化学反应将燃料直接转化为电能，常用的燃料包括氢气和甲醇。

新能源汽车电池的升级

第一代 CMP（Cell Module Pack）采用的是传统电池包（图 4–3），即由 126 个单体电芯并联组成 1 个电池组，再将 20 个电池组串联起来形成电池包的组成方式。

图 4–3　新能源汽车的电池包（传统电池包）

第二代 CTP（Cell to Pack）俗称“刀片电池”（图 4–4），是一种新型的电池设计，它采用了更大的单体电芯，以提高电池的容量和能量密度。它虽然称为“刀片电池”，但实质上仍然使用磷酸铁锂电池技术。电池包的内部结构包括保温棉、热管理模块、保温材料等，外部则有电池壳体。此外，电池还配备了水冷散热板和支撑电池的强度机构等。

图 4-4 “刀片电池”的结构

以比亚迪为例，它的“刀片电池”采用了薄而长的单体电芯，这些电芯被垂直叠放在一起，形成一个扁平的刀片状结构。与传统的圆柱形电池相比，“刀片电池”在相同的体积下能够存储更多的电能，从而为电动汽车提供更长的续航里程。

由于电芯较大，生产过程中的组装和焊接等工艺可以更高效地进行。这意味着生产线能够更快速地生产更多的电池组件，从而能够提高整体的生产效率。

第三代 CTC（Cell to Chassis）是一种先进的电池集成设计，它将电池组直接安装在车辆的底盘上，摒弃了传统的电池包概念。这种设计使得电池组的下壳成为整个车身底盘的一部分，因此能够增强车身的承载能力和抗扭刚度，据称可以提高 25% 的效果。同时，这种设计为更大容量的电池提供了更多的空间，进一步延长了电动车的续航里程。

“麒麟电池”是宁德时代发布的第三代 CTP 技术（图 4-5），被称为无模组电池包。该技术的发展已经进入第三代，其体积利用率达到了 72%，它能够将三元电池系统的能量密度提升至 255 瓦时 / 千克，能够将磷酸铁锂电池系统的能量密度提升至 160 瓦时 / 千克。这意味着“麒麟电池”能够在相同的体积下储存更多的能量，为电动汽车提供更长的续航里程，并且具有更高的能量密度。

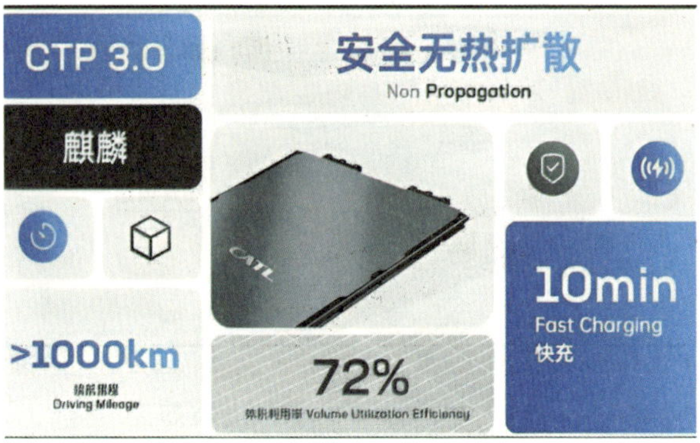

图 4-5 “麒麟电池”的优势

特斯拉的 4680 电池是一种圆柱形电池，直径为 4.6 厘米，长度为 8.0 厘米。目前，虽然特斯拉的 4680 电池采用了三元锂电池技术，但未来特斯拉也不排除推出磷酸铁锂电池。与目前特斯拉 Model 3 等车型所使用的 21700 电池相比，4680 电池的直径达到了 21700 电池的 2 倍以上，并且电池容量扩大了约 5 倍。这种设计不仅提高了整车的结构强度和稳定性，还使得车辆的重心更低，从而提高了车辆的稳定性和操控性能。

氢能源电池技术属于燃料电池技术的一种（图 4-6）。它使用氢元素来制造并储存能源。基本的原理是电解水的逆反应，将氢气和氧气分别提供给阳极和阴极，氢气在阳极向外扩散并发生反应时，放出电子，电子通过外部负载到达阴极，从而产生能量，电池将这些能量储存起来。在这种反应过程中产生的副产品只是水蒸气，因此氢能源电池技术是一种环保、清洁的能源技术。氢能源电池具有高能量密度、快速充电、零排放等优点，被视为未来可持续能源领域的重要发展方向。

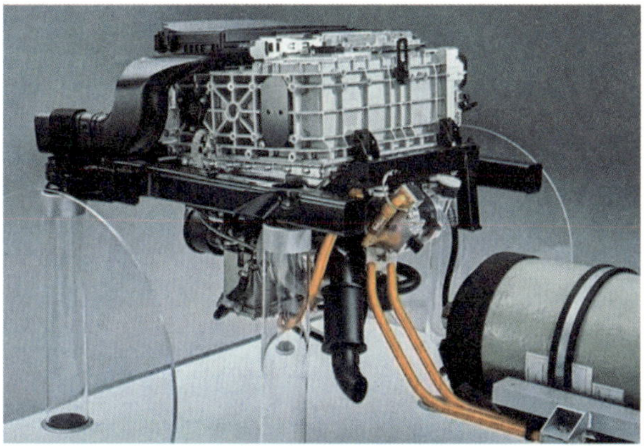

图 4-6　氢能源电池

世界各国如中国、日本、美国、德国等都在积极地研发氢能源汽车，并取得了不俗的成就。例如，2019 年 3 月，中国成功研制出全新的、具有碳纤维车身的全功率氢能动力车型，同时成功研发出中国自主品牌的氢能乘用车格罗夫的首台样车（图 4-7）。这些成就标志着中国在氢能源汽车领域取得了重要的突破，展示了其在技术创新和可持续发展方面的努力和进步。

图 4-7　中国首台氢能源汽车在武汉研制成功，加氢几分钟续航 1 000 千米！

新能源汽车的电机

电机是一种电力原件，它可以将电能和机械能进行相互转换。当电能转化为机械能时，电机称为电动机，并表现出电动机的工作特性。当机械能转化为电能时，电机称为发电机，并表现出发电机的工作特性。在新能源汽车中，这个概念也适用。当新能源汽车处于放电状态时，电机将电能转化为机械能，驱动车辆前进或后退，这时电机表现出电动机的特性。而当车辆松开加速踏板或踩下制动踏板时，电机将机械能转化为电能，这时电机表现出发电机的特性。

驱动电机的分类

新能源汽车常用的驱动电机主要有两种类型：永磁同步电机和交流异步电机。

永磁同步电机是一种同步电机，它将稀土强磁性材料作为永久磁体，直接产生稳定的磁场。这种电机的特点是效率高、运行平稳、体积小、质量小。

永磁同步电机的基本工作原理是电机通过外部电源供电产生磁场，当电机旋转时，永磁体产生的磁场和电机产生的磁场相互作用，驱动电机旋转。

在实际应用中，永磁同步电机广泛用于电动汽车、高速列车、工业自动化设备等领域。比如，特斯拉的电动汽车就将永磁同步电机作为动力源。

然而，永磁同步电机的控制更为复杂，它需要精确控制电流、电压、转速等参数才能实现高效稳定运行。因此，它需要配套高精度的电力电子设备和控制策略。永磁同步电机可以是直流电机，也可以是交流电机，这关键取决于它的设计和用途。

永磁同步电机与其他类型的电机（如交流感应电机）相比（图4-8），虽然制造成本高，但因其高效和节能的优点，越来越多的领域开始采用这种电机。

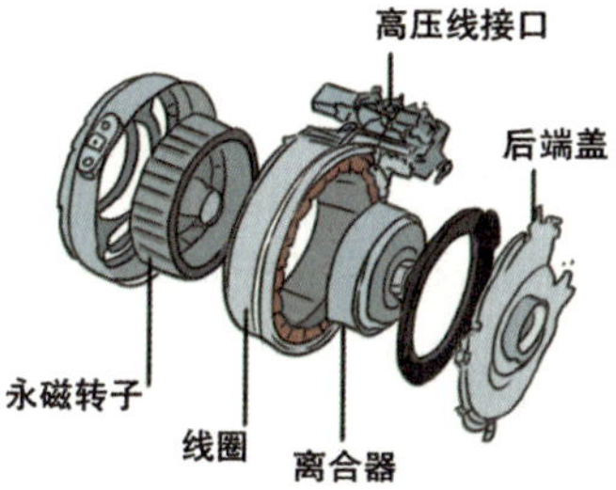

（a）永磁同步电机

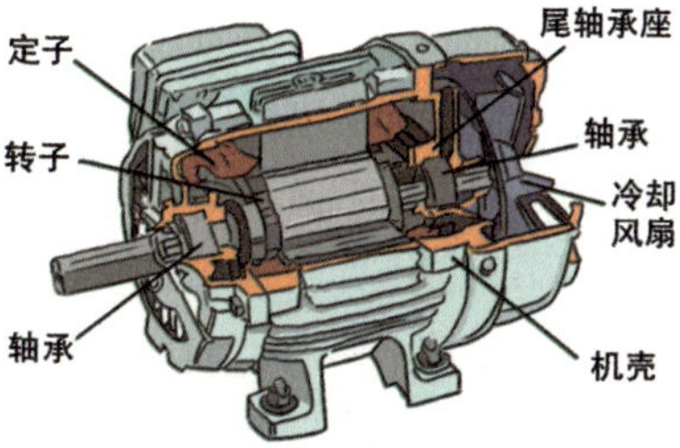

（b）交流异步电机

图 4-8　永磁同步电机和交流异步电机的对比图

交流异步电机，又被称为交流感应电机，是一种常见的电动机。这种电机的主要特点是其工作速度与电网频率有关，但不同于同步电机，它的转速不会严格与电网频率同步，因此得名“异步”。

交流异步电机的工作原理基于电磁感应的原理。它的定子上流过交流电，形成旋转磁场。旋转磁场在电机的转子上感应出电流和磁场，由此产生的电磁力推动转子旋转。因为电磁感应在转子上产生电流需要一定的时间，所以转子的旋转总是滞后于定子的磁场，这就是“异步”之所在。

交流异步电机有许多优点，如结构简单，稳定性好，成本低，维护简单，能够直接接入交流电网等。它在各种工业设备中得到了广泛应用，如风扇、泵、电动工具等。

然而，交流异步电机的效率和功率因数通常低于同步电机，特别是在低速工作时。在需要精确的速度控制或高效能的应用中，人们可能会选用同步电机或永磁同步电机。

低速电动汽车更常采用的是直流电机。直流电机最早应用于电动汽车，它具有控制性能好、成本低的特点。然而，随着电子技术、机械制造技术和自动控制技术的发展，交流电机展现出比直流电机更为优越的性能，逐渐取代了直流电机的地位。

新能源汽车对驱动电机的要求

轻量化和紧凑设计：新能源汽车需要尽可能减轻整车质量，并提高空间利用效率。因此，驱动电机需要具备轻量化和紧凑设计，以减少占用空间，为整车的动力性能和续航能力做出贡献。

长寿命和高可靠性：作为核心部件，驱动电机需要具备长寿命和高可靠性，以保证新能源汽车能够在各种环境条件下稳定运行，并且在整个车辆使用寿命内基本没有故障。

高耐压性：为了提高效率和减小尺寸，驱动电机需要具备较高的耐压能力，以适应高电压系统的需求，并降低逆变器等装置的成本。

宽工作范围和高效率：驱动电机需要在不同工况下保持高效率，如低速启动、高速巡航和快速加速等，以提高整车的能源利用效率和延长行驶里程。

低速大扭矩特性和宽范围恒功率特性：驱动电机需要具备低速大扭矩特性，以满足启动、爬坡等需要较高转矩的工况。同时，它应具备宽范围的恒功率特性，以满足不同工况下的动力需求。

电气系统安全性：由于新能源汽车的工作电压较高，驱动电机及相关电气系统需要符合相关安全性标准和规定，以确保电气系统的安全性能，防止潜在的电气故障。

这些要求旨在提高新能源汽车的性能、能效和可靠性，以满足环保、节能和可持续出行的需求。驱动电机作为新能源汽车的关键组件之一，其技术发展对整车性能和用户体验至关重要。因此，不断推进驱动电机技术的创新和进步具有重要意义。

交流电动机的两个主要部分

交流电动机由定子和转子组成（图 4–9）。定子是电动机的外部部分，它是一个圆筒形的结构。在圆筒的内侧，有很多线圈被缠绕在上面。这些线圈与外部的交流电源相连接。整个圆筒与机座连接在一起，保持静止，因此称为定子。

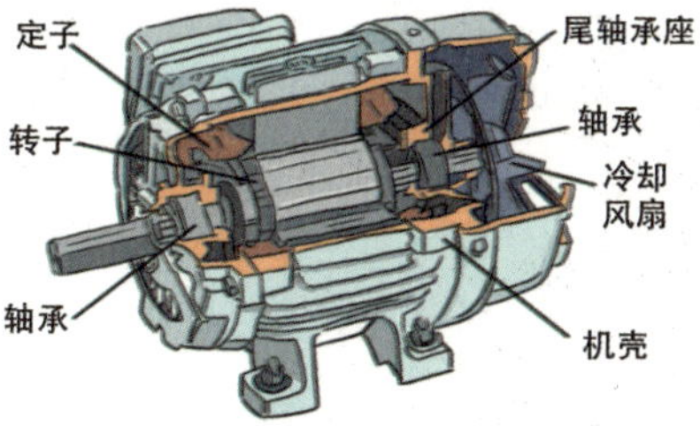

图 4–9　交流电动机

在定子的内部，有两种可能的结构。一种是圆柱形的，上面缠绕着许多线圈。另一种是笼型的，也是一个圆柱体。转子与电动机的动力输出轴相连接，并以相同的速度旋转，因此称为转子。需要注意的是，转子和定子之间没有物理连接和接触。然而，当定子上的线圈接通交流电源时，转子会立即开始旋转，并输出动力。

异步电动机产生动力的方式

虽然定子和转子并不直接接触，但是当给定子绕组通上交流电后，电动机中的转子会开始旋转。这个现象可以用电磁感应定律和楞次定律来解释。

首先，由于交流电的特性，当定子上的绕组通上电流时，会在定子周围产生一个旋转的电磁场。这是因为交流电的方向和大小会随着时间变化。这个旋转的电磁场是由定子绕组产生的，类似于一个旋转的磁力场。

转子上的绕组是一个闭合的导体回路。当转子处在定子旋转的磁场中时，它相当于不断地切割定子的磁感应线。根据电磁感应定律，当闭合导体的一部分在磁场中切割磁感应线时，导体中就会产生电流。在这种情况下，转子绕组中会产生电流（图 4–10）。

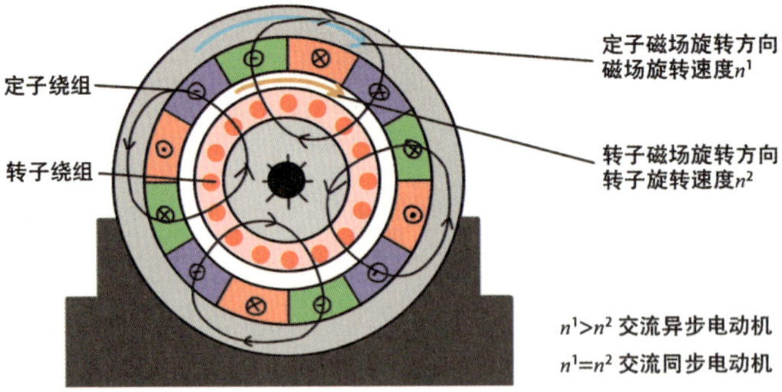

图 4–10　异步电动机工作原理示意图

根据楞次定律①，当有电流通过闭合回路时，会产生一个反向的磁场。这个反向的磁场与定子的旋转磁场相互作用，导致转子受到一个力的作用，开始旋转。这样，给定子绕组通上交流电后，转子就会跟随定子的旋转磁场一起旋转（图 4-11）。

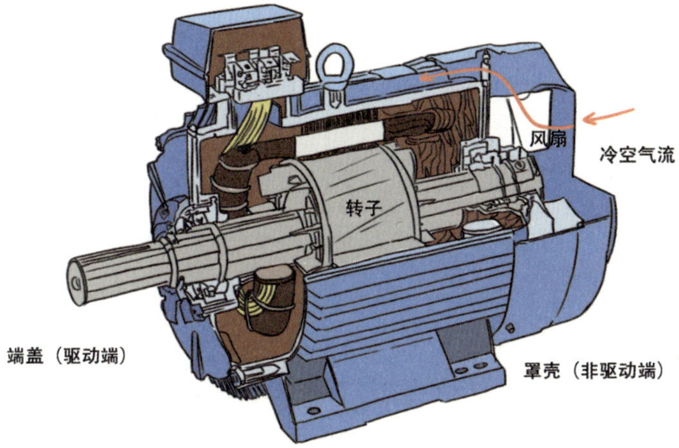

图 4-11　单相异步电动机构造示意图

永磁同步电动机产生动力的方式

在异步电动机中，转子磁场的形成要分两步走：第一步是定子旋转磁场先使转子绕组产生感应电流；第二步是感应电流再产生转子磁场。在楞次定律的作用下，转子跟随定子旋转磁场转动，但又“永远追不上”，因此才称其为异步电动机。若转子绕组中的电流不是由定子旋转磁场感应的，而是自己产生的，则转子磁场与定子旋转磁场无关，而且其磁极方向是固定的，根据同性相斥、异性相吸的原理，定子的旋转

① 楞次定律，是由俄国物理学家楞次在19世纪初提出的，是一个关于电磁感应的基本原理，描述了电流变化引起的磁场变化产生的反作用力。

磁场就会推拉转子旋转，使转子磁场和转子本身，一起与定子旋转磁场“同步”旋转。这就是同步电动机的工作原理（图 4–12）。

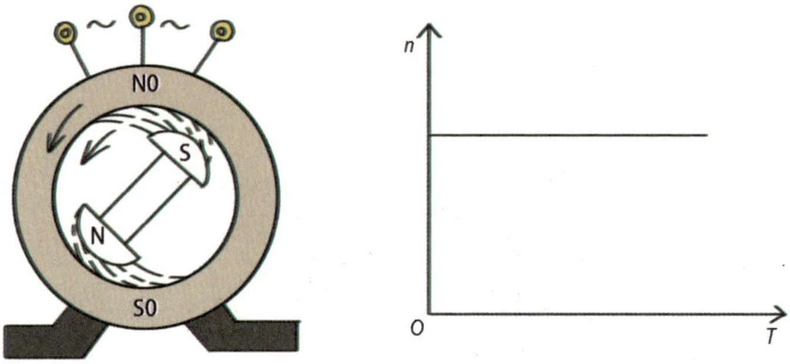

（a）工作原理　　（b）机械特性

图 4–12　同步电动机的工作原理和机械特性

永磁同步电动机在电动汽车中得到广泛应用，主要是因为它具有许多优势：功率质量比高、体积小、质量轻、输出转矩大、极限转速和制动性能优异。

然而，需要注意的是，永磁材料在振动、高温和过载电流等环境条件下，其导磁性能可能会下降，甚至会出现退磁现象。这意味着在特殊的工作环境下，永磁电动机的性能可能会受到一定程度的影响。此外，稀土式永磁同步电动机需要使用稀土材料，而稀土材料的制造成本相对较高且稀土材料不太稳定。这意味着永磁同步电动机的制造成本可能会受到稀土材料价格波动的影响（图 4–13）。

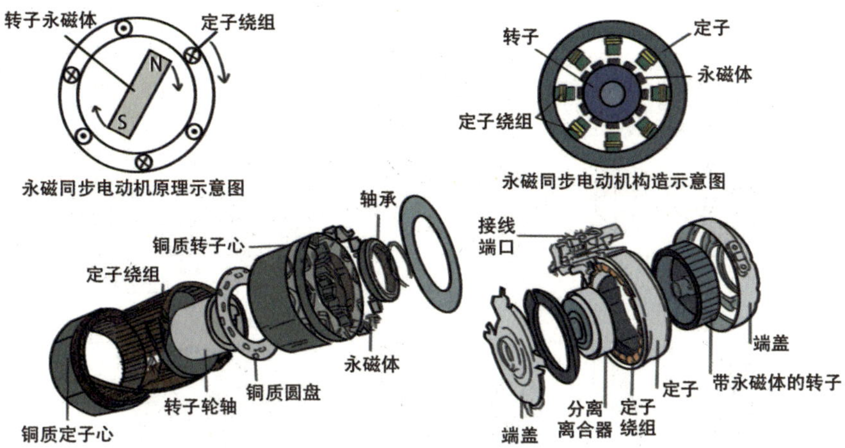

（a）通用汽车　　（b）奥迪汽车

图 4-13　通用汽车（左）和奥迪汽车（右）永磁同步电动机构造示意图

直流电动机的工作原理

直流电动机相对于交流电动机而言，构造和原理更简单。它的定子磁场是固定的，不会旋转，而转子绕组接通直流电源后产生转子磁场。当定子磁场与转子磁场相互作用时，根据同性相斥、异性相吸原理，转子绕组一侧受排斥，一侧受吸引，使转子开始转动。然而，定子磁场不变，转子只能转半圈就停止（图 4-14）。直流电动机通过换向器改变转子绕组电流方向，改变转子磁场方向，使其再次转半圈。电流方向反复改变，转子持续旋转。直流电动机效率低，换向器和电刷需定期维护，运行成本高，应用场合有限，可靠性差，使用较少。

定子磁场的产生

定子磁场也称主磁场，是由磁极产生的。主磁场的产生方式有两种：一是由永久磁铁产生的永磁场（左图）；二是由缠绕在定子铁心上的助磁绕组通上直流电后建立的（下图）。绝大多数直流电动机的定子磁场都是通过第二种方式来建立的。

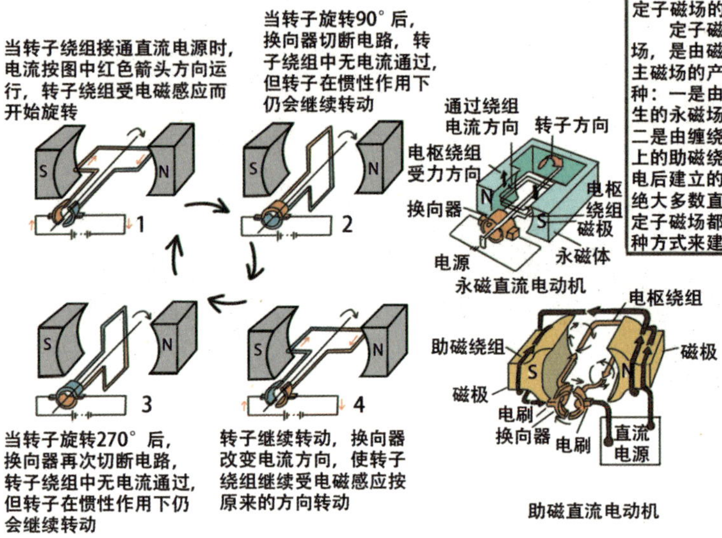

图 4-14　直流电动机工作原理示意图

新能源汽车的电控系统

电控系统是新能源汽车的智能中枢。从狭义上来说，电控系统是指整车控制器，它负责整合和协调车辆各个子系统的工作，以确保车辆的正常运行和性能优化。广义上的电控系统包括整车控制器、电池管理系统以及电机控制器等多个关键组成部分（图 4–15）。

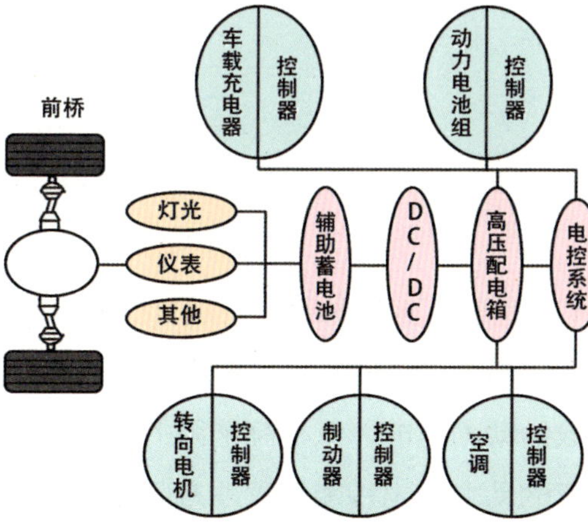

图 4–15　电控系统构成示意图

整车控制器（VCU）

整车控制器是电动汽车的中央控制单元，是整个系统的核心和各子系统的调控中心。整车控制器的主要功能是协调管理整车状态，包括采集电机和电池状态，采集加速和制动踏板信号，采集执行器和传感器信号。它根据驾驶员意图进行综合分析，并做出相应判断，监控下层各部件控制器的动作（图 4-16）。

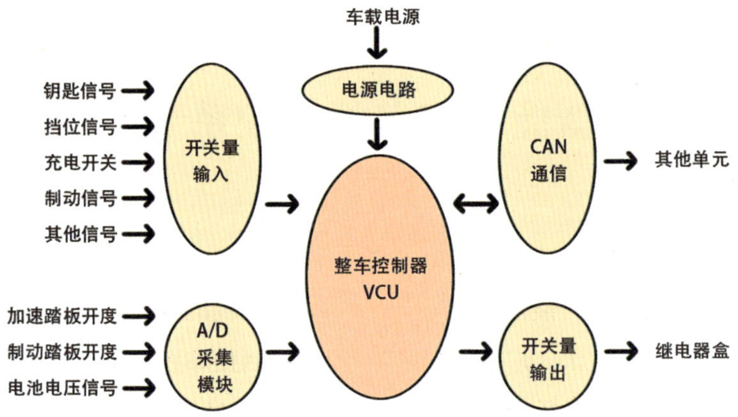

图 4-16　整车控制器示意图

电机控制器

电机控制器（图 4-17）是新能源汽车的核心组件之一，接收整车控制器发送的扭矩指令，控制驱动电机的转速和转向，同时负责将驱动电机产生的交流电整流回放给动力电池，以提高能源的利用效率和延长续航里程。它在新能源汽车的动力输出和能量管理方面起到至关重要的作用。

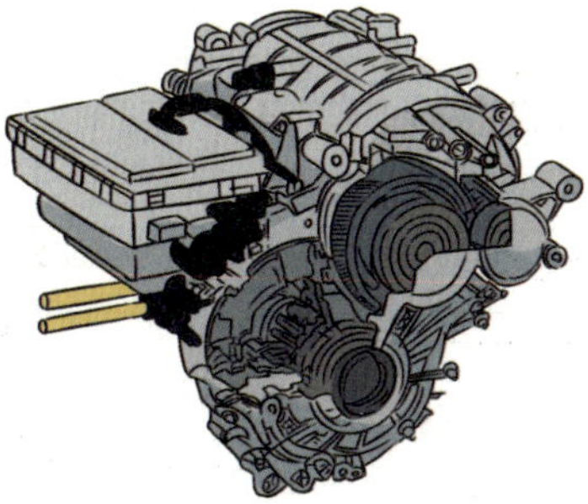

图 4-17　电机控制器

电池管理系统（BMS）

电池管理系统（BMS) 是电动汽车的关键部分，其主要功能：电池物理参数实时监测、在线诊断与报警、充放电与预充控制、均衡管理和热管理等。它尤其对电池性能和寿命有重大影响。

新能源汽车电控系统分为高压电控系统和低压电控系统两个部分。高压电控系统主要负责驱动电机和电池管理，而低压电控系统则主要负责车辆的照明、音响、空调等电器设备。

高压电控系统

在电动汽车上，高电压的部件有动力电池、驱动电机、高压配电箱（PDU）、电动压缩机、DC/DC、车载充电器（OBC）、PTC 加热器、高压线束等（图 4-18）。这些部件构成了车辆的高压电控系统，其中动力电池、驱动电机和高压调节系统是纯电动汽车的三大核心部件。

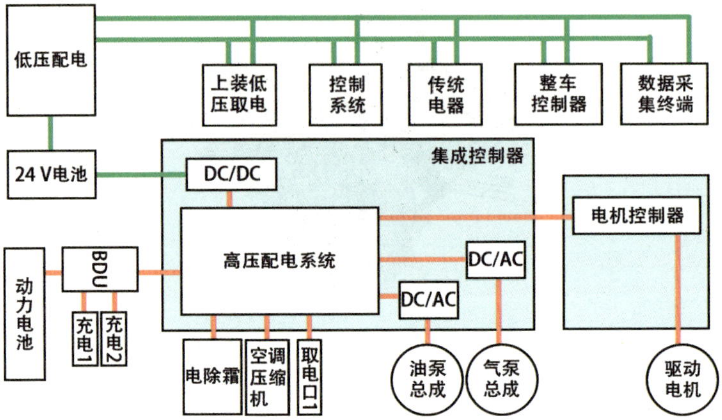

图 4-18　高压电控系统示意图

动力电池：动力电池是电动汽车的能源供应设备，它为汽车驱动电机提供电能，是电动汽车的“燃料”。

驱动电机：驱动电机是电动汽车的“发动机”，它将电能转换为机械能，驱动车轮转动。

高压配电箱（PDU）：高压配电箱是电动汽车高压电控系统的重要组成部分，它的主要作用是对高压电路进行切换、保护和监控。

电动压缩机：电动压缩机是电动汽车的空调制冷设备，它将电能转换为制冷能。

车载充电器（OBC）：车载充电器（OBC）是电动汽车的充电设备，它将交流电转换为直流电，为动力电池充电。

正温度系数加热器：通常指的是 PTC 加热器，它是电动汽车的暖气设备，可以快速加热车内空气。

高压线束：高压线束是连接各个高压部件的电线，负责电能的传输。

这些部件共同构成了电动汽车高压电控系统，以确保电动汽车的正常运行。

低压电控系统

新能源汽车的低压电控系统主要负责车内低压电子设备的电力供应和控制，这些设备通常包括车灯、音响、空调、车载信息娱乐系统等。

低压电池：它也被称为辅助电池，主要为车辆的低压设备提供电源，这些设备包括车灯、音响、空调，以及其他电子设备。

DC/DC 转换器：它在新能源汽车中起着重要的作用，因为它将高压电池的电压转换为低压电池和其他低压设备所需的电压。

低压电控单元：这个单元管理和控制低压电子设备的操作，以确保它们正常工作并及时对任何问题进行报警。

低压电控系统虽然没有直接参与车辆的驱动，但它对于舒适和安全的驾驶体验来说是必不可少的。它确保了车辆的灯光照明、舒适的车内温度、音乐娱乐以及其他功能的正常工作。

新能源汽车的充电技术

新能源汽车，以电力为动力源，其内部的储能系统主要由电池或超级电容器构成。这些设备储存的是直流电，但我们常规的电网供电是交流电。因此，新能源汽车需要配备一个变流器，将交流电转化为电池或超级电容器可以接受的直流电。在这个过程中，充电管理系统负责监控并管理电池的充电过程，以保证电池的安全、充电效率以及寿命，因此，它被认为是电动汽车中一个至关重要的技术环节。

电动汽车充电架构

电动汽车通常设有 AC 和 DC 两种充电口。AC 充电桩提供交流电，需搭配车载充电器使用，以将交流电转化为电池所需的直流电。DC 充电桩则在车外完成交流电和直流电的转换，多模块并联可提供高充电功率，实现“快充”。无论是 AC 充电还是 DC 充电，充电过程皆受电池管理系统（BMS）监控（图 4-19）。电池管理系统（BMS）对电池状态进行实时监控，管理充电过程，可以使电池按预定充电曲线工作，有效延长电池寿命。

图 4-19 新能源汽车充电系统示意图

车载充电器

新能源汽车的 AC 充电桩主要将交流电输入给车载充电器（OBC），内部结构包括电源接口和监控模块，但它并未执行交流到直流的转换，此过程由车载充电器（OBC）完成。电池管理系统（BMS）在车内监控并管理电池，可以精确控制充电速度和电压。家用电插座功率约为 2.2 千瓦，因此 AC 充电桩常需专用配电箱。部分改装的 AC 充电桩可直接接入家用插座，但可能存在安全隐患。这展示了新能源汽车充电系统的设计复杂性，以及安全问题的重要性。

电动汽车的车载充电器（OBC）是关键组件，它负责将交流电转化为直流电给电池充电，其主流配置为正向充电功率 6.6 千瓦，反向 3.3 千瓦。车载充电器（OBC）采用的 LLC 全桥整流器拓扑提供约 96% 的变流效率和 0.99 以上的功率因数，从而能有效降低能量损失和电网负荷。另外，由于碳化硅（SiC）器件具有高温耐受、高频响和低损耗的特性，其应用有望进一步提高车载充电器（OBC）的效率，成为提升电动汽车能效和充电效率的重要技术方向。

AC–DC 变流拓扑结构

车载充电器（OBC）的 AC–DC 变流拓扑结构包括主动 PFC 前级和 LLC 后级。主动 PFC 前级用于纠正电源功率因素，LLC 后级利用电感和电容的谐振实现开关管的零电压开关（ZVS），以降低功率损耗。变压器次级的二极管采用低反向恢复时间的 SiC 器件，以提高整流效率。类似的变流结构也应用于 DC 充电桩。与受限于尺寸和功率密度要求的车载充电器（OBC）不同，车外的 DC 充电桩可以通过多模块并联实现超大功率充电，充电功率可达 100 千瓦至 200 千瓦（图 4–20）。这种设计结构以及碳化硅器件的应用共同提升了电动汽车的充电效率。

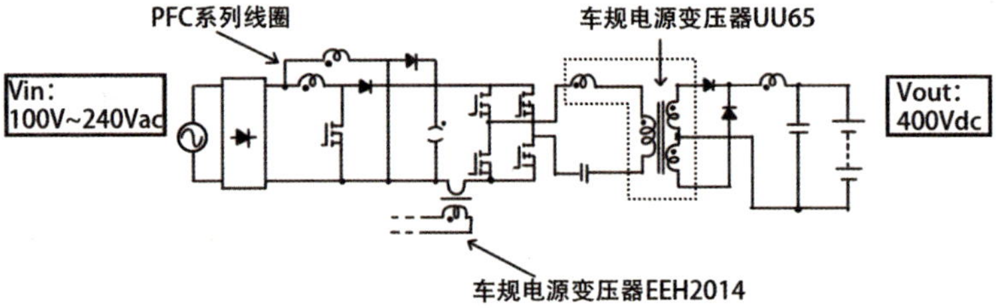

图 4–20　新能源车 AC–DC 变流拓扑结构示意图

新能源汽车的高压安全与隔离

新能源汽车高压电的类型

新能源汽车使用的高压电主要来源于车载的高压电池，这些电池一般采用锂离子电池技术。高压电池为电动汽车提供了驱动电动机所需要的电能，使车辆可以在没有内燃机的情况下运行。

新能源汽车的高压电控系统（图 4-21）一般包括以下几个主要部分：

动力电池是车辆的主要能源来源，一般采用锂离子电池。动力电池需要提供高电压（一般在 300 ～ 400 伏，但在一些高性能的电动汽车中可能更高）。

电机将电能转换为机械能以驱动汽车。电机一般采用交流电机（常见的有永磁同步电机和交流异步电机），因此需要将电池提供的直流电转换为交流电。

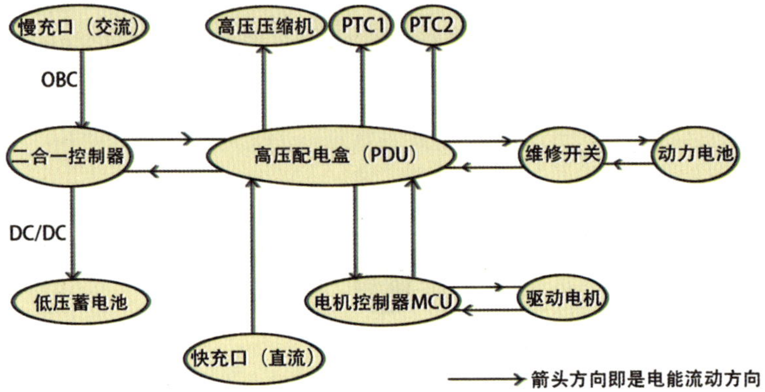

图 4-21　高压电控系统部件连接逻辑图解

逆变器是电动汽车的一个关键组件，它将电池的直流电转换为交流电，供电机使用。同时，逆变器控制电机的运行，如其速度和扭矩。

电池管理系统负责监控和管理电池的状态，如电池的充电和放电、电池的温度和健康状况等。这对于保证电池的安全和延长电池的寿命至关重要。

新能源汽车需要通过外部充电设备给电池充电。充电设备可以是慢速的家用充电器，也可以是快速的公用充电站。

在这个系统中，高压电主要在电池、电机和逆变器之间流动。其他电子设备，如车灯、空调、音响等，通常会通过一个叫作 DC-DC 转换器的设备从高压电获取适合它们工作的低压直流电。

依据国家标准《电动汽车　安全要求　第 3 部分：人员触电防护》（GB/T 8384.3—2015），新能源汽车中车辆电压按照类型和数值分为两个安全级别。

A 级：是较为安全的电压等级，在直流中，最大工作电压应小于或等于 60 伏；在交流中，最大工作电压应小于或等于 30 伏。该级别电压下的维护人员不需要采取特殊的防电保护措施。

B 级：对人体会产生伤害，被认为是高电压。在该级别电压下维护人员必须采用必要的防护设备。

高压安全和隔离措施

新能源汽车配备了专门的高压安全系统，该系统用于监测和控制高压电池系统的状态。这些系统包括传感器、监测设备和断电装置，能够实时监测电池系统的电压、温度和电流等参数。如果系统出现异常，例如温度过高或压力过大，这些安全系统会立即采取措施，如切断电源或启动紧急排气装置，以防止潜在的危险发生。

高压电池系统采用可靠的绝缘和密封材料来确保它与其他车辆部件的安全隔离。这些材料能够有效地阻止电流泄漏和电池系统与外部环境的接触，从而降低电池系统遭受外部干扰的风险。

新能源汽车使用特殊设计和特殊材料的高压电缆和连接器来确保电力传输的安全性和可靠性。这些电缆和连接器能够承受高压电流，并且具有良好的绝缘性能，可以降低漏电和短路的风险（图 4–22）。

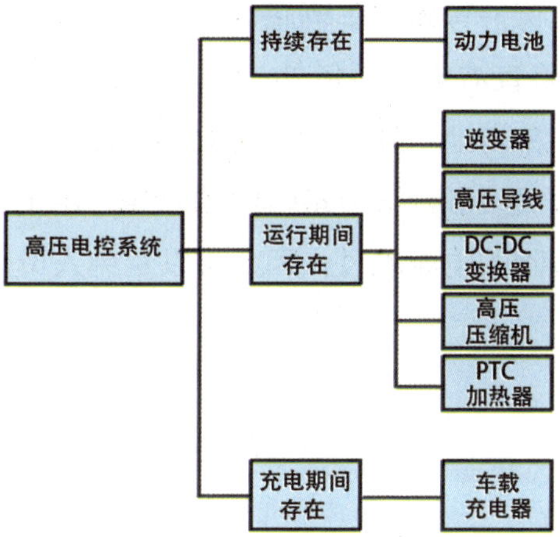

图 4–22　新能源汽车的动力电池持续存在高电压

为了保护高压电池系统免受外部干扰或碰撞的影响，新能源汽车通常采用独立的密封隔间或防护结构。这些隔离结构能够将高压电池系统与车辆其他部件有效地隔离开，以减少潜在的物理冲击和损坏。

为了处理潜在的火灾或其他紧急情况，新能源汽车配备了专门的灭火和紧急救援系统。这些系统可以在需要时自动启动，例如在高温或短路事件发生时，它们可以迅速控制火灾或提供必要的救援。

这些措施的目的是最大限度地确保新能源汽车的高压电池系统的安全性，并减少潜在的风险。制造商在设计和制造过程中严格遵循相关的安全标准和规定，以确保车辆的高压安全和隔离性。

车辆自身高压防护措施

对于电击防护，仅依赖设备自身的防护措施是不够的。为了更全面地防止电击，应当在高压电气系统上采取进一步的防护措施。

等电位联结

等电位联结是在电动汽车的动力系统中，通过将电气设备的外露可导电部件直接或通过保护导体与车辆底盘相连来实现的。等电位联结的作用（图 4–23）是将直流电气设备外壳与车辆底盘连接起来。在这种联结后，设备外壳和车身地将处于相同电位。当设备的正极发生对外壳漏电故障时，如果人员接触到该设备带电的外壳，由于人体被等电位连接线短路，不会有危险的电流流过，因此可以避免人员被电击。

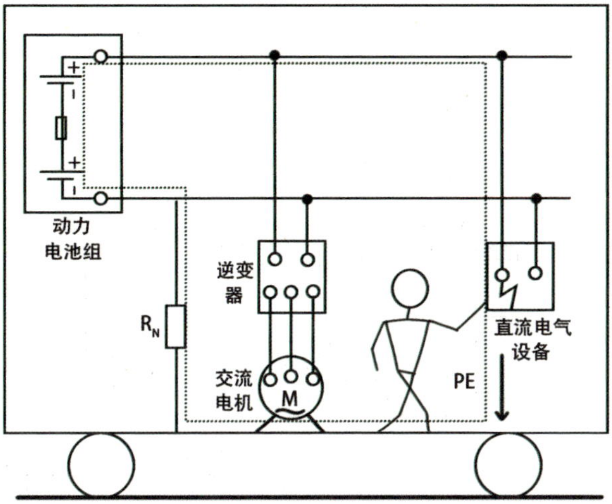

图 4-23　等电位联结的作用

根据规定，等电位联结中的保护导体电阻值需要满足一定的导电性测试要求。这个测试通过一个不超过 60 伏（DC）的电压，让动力电路最大电流的 1.5 倍或 25 安的电流（取二者中的较大值）通过任何两个进行等电位联结的外露可导电部件，持续时间至少为 5 秒，并测量其电压降。根据电流和电压降计算得到的保护导体的电阻值不应超过 0.1 欧。

保护接地

保护接地是一种防护措施（图 4-24），主要将电气设备的外露可导电部分用保护线与大地直接连接起来。这种措施一般可作为电击防护方法，应用于电动汽车的充电系统。例如，对电动汽车车身进行保护接地，即利用 PE 线直接接地，形成实际的 TT 形式的系统。在这种情况下，如果人站在地面上接触到带有危险电压的设备外壳（如电动汽车的车身外壳），由于保护线 PE 的电阻很小，人体两端承受的电压也会很小，因此，通过人体的漏电流也会很小（大部分漏电流都由 PE 线经过大地流回电网），这大大降低了人员被间接电击的危险性。

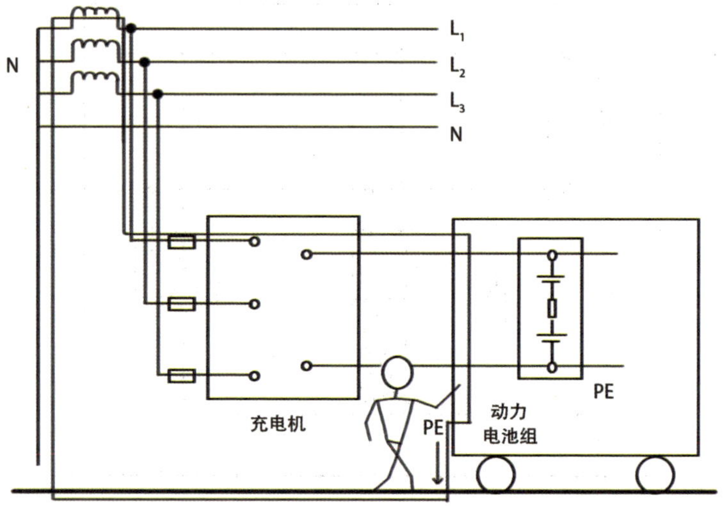

图 4-24 保护接地对人员电击的防护

保护接零

保护接零是一种电击防护措施，通常在电动汽车充电系统中应用。这种方法通过使用 PE 线将设备的外壳与供电电网的保护零线连接起来，实际上形成了 TN 系统（如 TN-S 系统）。

保护接零有两方面的作用（图 4-25）。

（1）当设备对外壳发生绝缘故障时，由于设备外壳已通过保护导体与电网的保护零线连接，漏电流会流回电网电源的中性点，形成故障相线对零线的单相短路故障。这个巨大的短路电流会促使电路中的过电流和短路保护装置或熔断器动作，切断电源，消除电击危险。

（2）与保护接地类似，保护线 PE 的电阻很小，能降低人在间接接触带电外壳时两端承受的电压，从而降低人被电击的危险性。

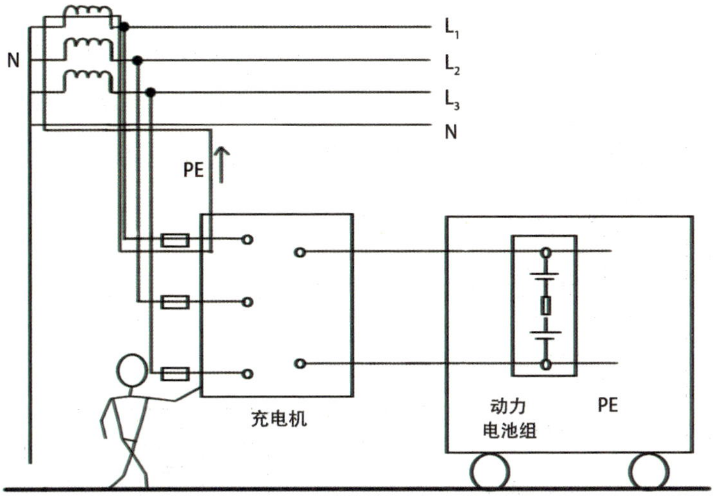

图 4-25　保护零地对人员电击的防护

电气隔离

电气隔离主要用在电动汽车充电系统中，采用交、直流隔离的充电机是目前进行电气隔离时最常用的方法。

自动断路功能

自动断路功能在特殊事件下可以自动工作，无须用户干预，它通过断路器或类似装置将高压电气回路切断，以达到保护人员和电气系统安全的目的。自动断路装置需要具备人工复位的功能。

在汽车发生碰撞时，自动断路功能可以通过两种方式实现。一种方式是碰撞传感器向主控装置发送信号，主控装置接收信号后迅速切断动力电路。另一种方式是不经过主控装置，直接由碰撞传感器信号触发高压电气系统断路器工作，切断高压电源。

另外，电动汽车也使用对地电压型漏电监测装置来检测动力系统正、负极母线对车身地的电压，以判断是否存在绝缘故障。此类装置经过一定的改进后，还可以检测动力系统正、负极母线对车身地的绝缘电阻，这就是绝缘电阻监控装置。电动汽车高压电控系统一般采用这种漏电监测及保护（图 4–26），交流输入端使用 RCD 和保护接地或保护接零组合；直流端有漏电监测装置，以监测车内直流母线对车身地的绝缘状况。这种方案同样可以有效地降低非车载充电系统的电击危险性。

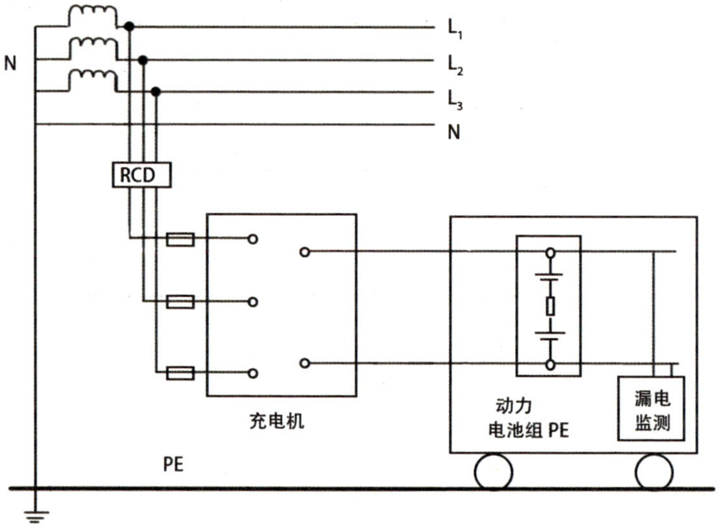

图 4–26　采用漏电监测及保护的电动汽车高压电控系统

互锁监测及保护

电动汽车的互锁设计主要分为环路互锁和功能互锁两大类。环路互锁是从电气回路连续性或完整性的角度设计的，其主要用途是监测电气回路上是否存在断路的情况。功能互锁则是从系统功能的角度来进行防护，例如在充电时，电动汽车不能意外启动。这两种互锁设计都是为了保证电动汽车的安全性和可靠性。

环路互锁，也被称为危险电压互锁回路，是为了防止人员在接触或打开高压电气设备防护罩、断开高压回路的连接器时接触到高电压而设计的安全系统。这个互锁系统工作的原理（图 4–27）是在存在危险电压的回路中发送一个微弱（安全）的电流信号，以监测电气回路的连续性或完整性。如果电气回路不连续（比如开启某个连接器），自动断开装置就会启动，切断电源，以清除可能的危险电压。

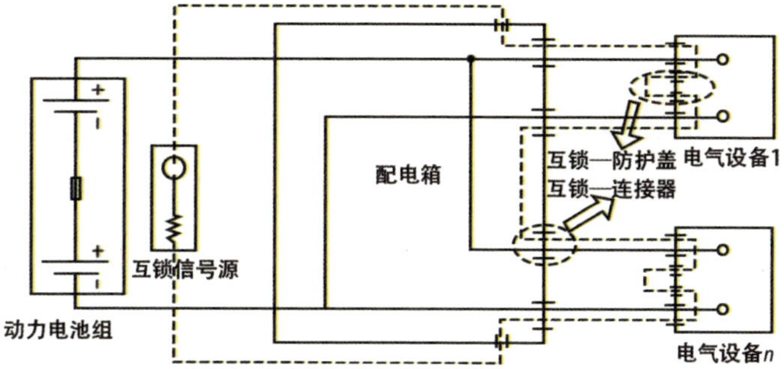

图 4-27　环路互锁原理

人们也需要在充电系统的高压回路中设计互锁回路，以保证充电接口、充电线束以及电动汽车之间的可靠连接。此外，所有可能使人体直接接触到危险电压的盖子，如高压电气设备的防护盖，都应进行互锁或采取其他保护措施。这些防护盖的互锁可以被设计成环路互锁（HVIL）的一部分。

总的来说，当环路互锁（HVIL）出现不连续（比如断路或打开设备防护盖等）的情况时，应该启动自动断开装置。

功能互锁（图 4-27）在电动汽车的安全设计中起着重要作用。当高压电路与电池包断开后（例如，自动断开装置或手动断开装置启动时），由于存在容性储能元件及线束自身的容性，高压母线上仍可能残留对人体造成电击伤害的危险电压。因此，必须将高压母线的电压释放到安全范围内。不同的制造商可能会根据电压和能量的情况以及电压衰减所需的时间，采用不同的解决方案和设计。其中一种方案就是在电动汽车的高压电控系统断电后，采用电阻放电。

此外，为了提高安全性，电动汽车应有充电互锁功能，即在充电时，电动汽车的动力系统应处于断开状态，防止电动汽车在连接到充电电源时意外启动。

过电流及短路保护

自动断开装置不仅可以提供前面提到的一些功能，还可以用于过电流和短路防护。如果使用其他装置（如熔断器等）进行过电流防护，出现过电流时，启动自动断开装置可以增强防护效果，起到双重保护的作用。过电流及短路保护是为了确保电动汽车高压电气系统的安全运行而采取的一种保护措施。

手动断开

在电动汽车的装配、保养和维修过程中，手动断电功能是必需的，以确保在操作过程中人员可能接触到的电气设备上无危险电压，从而保护人员免受电击伤害。

通常，手动断开装置放置在动力电池系统中（图 4–28）。单极型手动断开装置应放在动力电池组的电气中点，即中间分断的位置。双极型手动断开装置应能同时切断动力电池组的正负极。两种设置方法都可以在高压电控系统维护时确保高压输出端不带有危险电压，从而防止人员误触电。

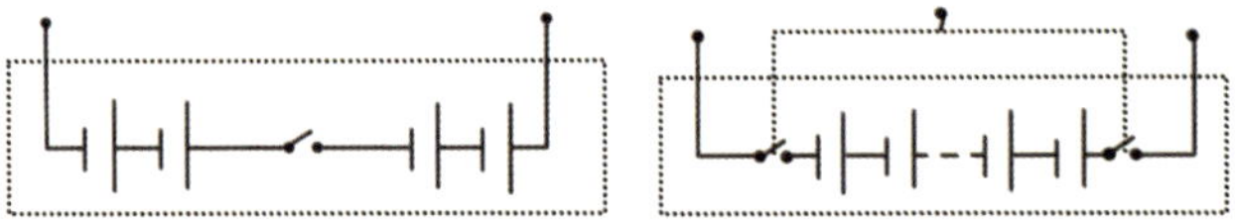
(a) 单级型手动断开装置　(b) 双级型手动断开装置

图 4–28　手动断开装置的应用

手动断开装置的操作或拆卸不需要任何工具，操作人员可以很容易地提供所需要的力。此外，在操作手动断开装置时应对操作人员进行绝缘处理。

熔断

电动汽车中的熔断功能，是一种保障电气系统安全运行的措施。熔断功能通常由熔断器来实现，它是电气系统过电流和短路保护的一种手段。当系统中的电流超过熔断器设定的阈值时，熔断器会切断电流，以防止电气设备受损或引发火灾。因此，熔断器是电动汽车高压电气系统安全运行的重要保护设备。

新能源汽车的整车 OTA

新能源汽车的整车 OTA（Over the Air）是指利用无线网络进行车辆软件和固件的更新和升级。这种技术使得车辆的功能和性能可以在车主使用期间进行迭代和改进，类似于智能手机和电脑的操作系统更新。整车 OTA 有如下优势。

功能扩展和改进：整车 OTA 使得汽车制造商能够通过远程更新软件和固件来添加新功能、改进现有功能或修复漏洞。这使得车辆可以持续提供更好的用户体验和增强的功能性能。

故障修复和安全补丁：通过整车 OTA，汽车制造商可以快速响应车辆的故障和安全漏洞，并通过远程更新修复问题。这样可以避免车主亲自到经销商处进行维修，提高了便利性和效率。

节省时间和成本：整车 OTA 消除了传统的回收和重新发布软件和固件的需要，节省了时间和成本。汽车制造商可以通过远程更新一次性覆盖整个车辆群体，而不需要对每辆车都进行单独的升级。

数据收集和分析：整车 OTA 可以帮助汽车制造商收集车辆的实时

数据，例如行驶状态、能源利用情况等。这些数据可以用于分析和改进产品性能。

然而，整车 OTA 也存在一些挑战和考虑因素。

网络连接和安全性：整车 OTA 需要可靠的网络连接，以确保数据传输的稳定性和安全性。同时，汽车制造商需要采取措施使车辆的远程更新过程免受潜在的黑客攻击和恶意软件的威胁。

用户隐私和数据保护：整车 OTA 涉及收集和传输车辆数据，因此汽车制造商需要遵守相关的隐私法规并保护用户数据的安全。

兼容性和稳定性：车辆的软件和硬件必须能够适应 OTA 更新，以确保更新的兼容性和稳定性。同时，更新过程本身需要进行严格的测试和验证，以避免潜在的问题和故障。

OTA 设计涉及多个重要方面，包括安全性、时间管理、版本控制和异常处理。

OTA 升级的首要考虑因素是保证安全性，因为车辆上的 ECU 的软件运行状态会直接影响乘员的生命安全。OTA 升级涉及制作升级包、下载、分发、刷写等步骤，需要在云端、网络、车辆端保证安全性。例如，在云端我们可以通过证书、签名和加密机制确保升级包不被非法制作和发布，升级内容不被恶意获取。网络传输安全可以通过可靠的物理链路和安全传输协议保证。在车辆端，我们可以通过车辆功能域的隔离、不同 ASIL（汽车安全完整性等级）的划分、冗余设计等方法确保车辆功能的可靠性，通过安全启动保证 ECU 上运行的软件是可信的。

由于车辆上的 ECU 众多，它们各有不同版本的软件，甚至不同车型的 ECU 需求也有所不同，因此版本的管理对 OTA 升级十分重要。OTA 系统需要能够全面准确地管理和控制软件的升级路径（图 4–29）。

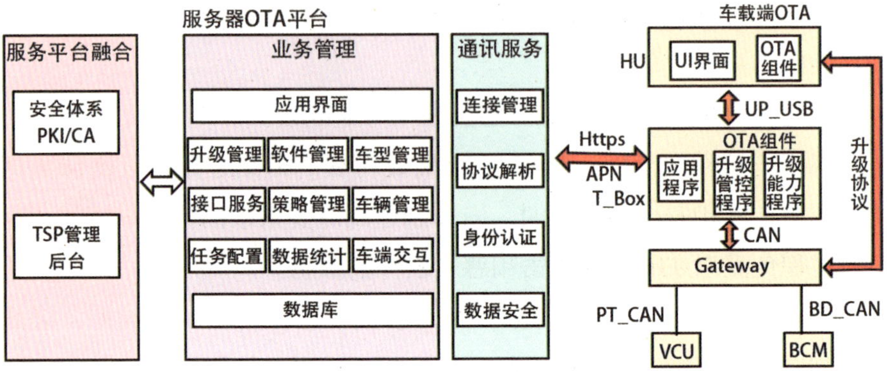

图 4-29　汽车 OTA 整体方案（包括服务端 OTA 方案和车载端 OTA 方案）

在进行整车 OTA 升级时，车载 ECU 数据的刷写时间是一个关键问题。涉及动力域传统 ECU 数据的刷写，通常通过 CAN 网络进行安装包的分发。但由于 CAN 的传输速率较低（典型速率为 500 kB/s），并且为保证网络稳定性，CAN 总线负载率通常要控制在 30% 以内，因此在带宽允许的情况下，我们应尽可能采取并行刷写模式，并优先处理刷写时间最长的节点，以减少 OTA 升级时长。

在 OTA 升级过程中各种异常可能会出现，例如由于外界干扰或其他因素刷写过程异常中断，这就需要车载 ECU 支持如软件回滚、断点续传、丢包重传等处理机制，以防止“变砖”等严重问题的发生。

总体而言，整车 OTA 为新能源汽车带来了灵活性和便利性，并提供了持续改进和增强功能的能力。随着技术的进一步发展和成熟，整车 OTA 将成为新能源汽车领域的重要趋势。

其实 OTA 还分为 FOTA 和 SOTA。FOTA 主要对车辆的固件（硬件驱动）进行在线升级，例如 ECU 的固件更新或 NB-IoT 模块的升级。FOTA 涉及对车辆的底层系统进行改进和修复，以提高性能、安全性和修复漏洞。

SOTA 则对车载端的应用软件进行在线升级。它主要涉及车辆中控系统、娱乐系统、导航系统等应用软件的更新。SOTA 是为了提供新的功能、改进用户体验和修复软件中的问题。

因此，FOTA 和 SOTA 的区别在于升级的对象不同，一个是针对硬件驱动的固件升级，一个是针对应用软件的升级。

新能源汽车的自动驾驶

新能源汽车自动驾驶技术是一项基于人工智能、机器视觉、激光雷达等前沿科技的创新技术。它旨在赋予汽车感知、决策和执行等能力，以实现真正意义上的无人驾驶。通过一系列感知、决策和执行技术的应用，新能源汽车能够感知道路、车辆和行人等障碍物，分析感知数据，制定最佳路径和行车策略，并实现精准的车辆控制（图 4-30）。

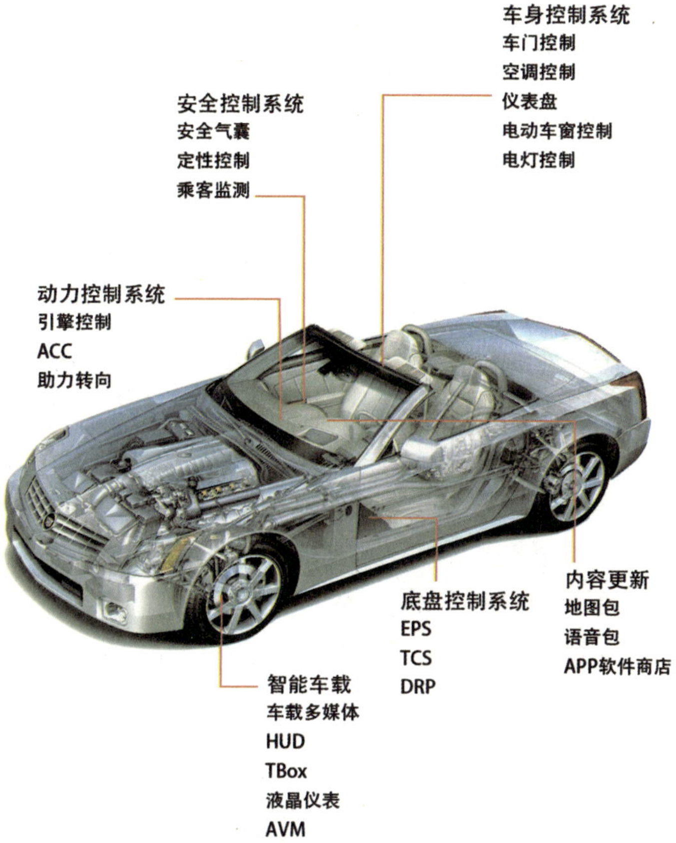

图 4-30　实现精准的车辆控制是新能源汽车的目标

感知技术是新能源汽车自动驾驶技术的基础，它利用机器视觉、激光雷达和毫米波雷达等传感器来获取周围环境信息。例如，车载摄像头可以识别交通信号灯、道路标志和行人等，激光雷达可以测量周围物体的形状和距离，毫米波雷达可以探测车辆周围的障碍物。这些感知技术共同提供了车辆周围环境的全面数据。

决策技术是自动驾驶技术的核心，它利用深度学习、规划算法和人工智能等方法对感知数据进行分析和处理。通过学习和训练，车辆能够识别不同交通情况，并做出最佳的驾驶决策。例如，在交叉路口，车辆可以通过感知和决策技术判断交通信号灯的状态，选择合适的时机转弯或直行。

执行技术将决策转化为具体的车辆控制操作。它包括精确的加速、制动、转向和车道保持等功能，这些功能可以实现车辆的精准驾驶。例如，根据决策结果，车辆可以自动控制加速和制动，保持与前车的安全距离，并在需要时进行车道变换。

新能源汽车自动驾驶技术在各种应用场景中具有广泛的潜力。在高速公路上，自动驾驶技术可以提高交通安全性和流畅性，减少事故和交通拥堵。在城市主干道和商圈等繁忙道路上，自动驾驶技术可以缓解驾驶员的压力，提供更舒适和便捷的出行体验。此外，自动驾驶技术还可以应用于物流和运输领域，提高货运效率和安全性。

目前，许多汽车制造商和科技公司正在积极推进新能源汽车自动驾驶技术的研究和开发。例如，特斯拉的 Autopilot 系统和 Waymo 的无人驾驶汽车已经在市场上取得了一定的成绩。在中国，宝马、蔚来、小鹏等汽车制造商也推出了具备自动驾驶功能的新能源汽车。随着技术的不断进步和法规的完善，新能源汽车自动驾驶技术将逐步实现商业化应用，推动交通出行的智能化、低碳化和共享化。

自动驾驶可以分为六个不同级别，从 L0 到 L5，每个级别代表了不同程度的自动化和对驾驶员的依赖。

L0 级别是无自动驾驶。在这个阶段，车辆完全依赖驾驶员的操作，包括制动、转向和加速等。这是最基本的驾驶方式，所有传统的非自动驾驶车辆的驾驶都属于此类。

L1 级别代表初级自动驾驶。在这个阶段，车辆通过传感器辅助驾驶员的某些操作。例如，系统可能在特定情况下自动加速或者进行转向操作。这种辅助通常在限定的情况下被提供，如在高速公路上的自适应巡航控制。

L2 级别是部分自动化。在这一级别，车辆除了能够控制加减速外，还能够控制方向盘，主要依赖雷达和摄像头进行环境感知。L2 级别的自动驾驶系统可以在特定条件下提供自适应巡航和车道保持功能。尽管 L2 级别增加了自动巡航和自动跟车功能，驾驶员仍需监控路况，随时准备接管控制。

L3 级别为有条件的自动控制。在这个级别，车辆能够在特定的驾驶环境中完全自动驾驶，如特定的高速公路段。这一级别的自动驾驶需要更强大的感知技术来实现，允许驾驶员在车辆自动驾驶时不进行持续监控。但在必要时，驾驶员需准备好接管车辆。

L4 级别是高度自动化。在此阶段，车辆可以在大部分环境下全程自动控制，不再需要驾驶员的干预。乘员只需提供目的地信息，车辆便能够自主完成整个行程。

L5 级别代表完全自动化。这是自动驾驶的最高阶段，在任何路况和环境下，车辆均无须驾驶员操控，完全实现了真正的无人驾驶。在 L5 级别下，车辆能够处理所有驾驶任务，为乘客提供全面且安全的自动驾驶体验。

每个级别的提升都标志着技术的进步和对驾驶员依赖的减少，不断推动着自动驾驶朝着完全自动化的方向发展。

拥抱智能时代

新能源汽车的机器视觉

新能源汽车的机器视觉是指利用计算机视觉和图像处理技术，在新能源汽车领域中应用的视觉系统。它通过使用摄像头、传感器和相关的图像处理算法，使汽车能够感知、理解和响应周围环境的视觉信息。汽车基于此可以安全使用驾驶辅助、自动驾驶等功能。这为新能源汽车的智能化和安全性提供了重要的支持。

新能源汽车机器视觉的工作原理是汽车通过获取、处理、分析和理解车辆周围的图像或点云数据，提取有用的特征信息，并基于这些信息进行目标检测、场景分析和决策控制，以实现自动驾驶、驾驶辅助和智能交通等功能。按照“图像获取 → 图像预处理 → 特征提取 → 目标检测与识别 → 环境理解与场景分析 → 决策与控制”的程序，汽车瞬间做出处理方案。

在新能源汽车领域，机器视觉可以应用于以下几个方面。

驾驶辅助系统

这个辅助系统主要有三项任务：前车碰撞预警、车道保持和交通标志识别。

通过车载摄像头和传感器，系统可以实时监测前方车辆的速度和车距，并利用图像处理和目标检测算法来识别潜在的碰撞风险。如果系统检测到可能的碰撞，它将向驾驶员发出警报，甚至自动采取刹车等紧急措施。

车载摄像头可以实时监测车辆在道路上的位置（图 5–1），并通过图像处理算法识别车道线。如果车辆偏离车道，系统会发出警报或自动调整方向，帮助驾驶员保持在合适的车道上。

Model 3 配备以下Autopilot自动辅助驾驶组件，它能主动监测周围路况：

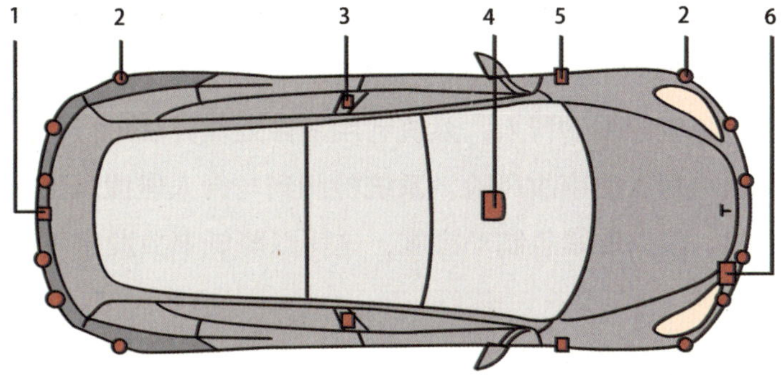

1—后车牌的上方装有一个摄像头；
2—超声波传感器位于前后保险杠中；
3—各门柱均装有一个摄像头；
4—后视镜上方的挡风玻璃上装有三个摄像头；
5—每块前挡泥板上装有一个摄像头；
6—雷达安装在车辆两侧，前保险杠后面。

Model 3 还装配了高精度电子辅助制动和转向系统。

图 5–1　特斯拉 Model 3 的 Autopilot 自动辅助驾驶组件示意图

摄像头可以捕捉道路上的交通标志图像，并利用图像处理和模式识别算法来识别和解读交通标志，提醒驾驶员遵守交通规则。

自动泊车系统

新能源汽车利用机器视觉实现自动泊车功能。摄像头和传感器获取周围环境图像，计算机视觉算法检测车位，规划停车路径并控制车辆。系统识别可用停车位的大小、位置和障碍物，帮助选择合适的停车位。基于检测结果，系统规划最佳停车路径，确保安全停放；通过监控环境并自动控制转向、加速和制动，实现精确泊车。

行人识别和安全系统

机器视觉在新能源汽车中应用于行人识别和安全系统。系统通过车载摄像头和深度学习算法，实时检测和识别行人，提高行人的安全性。摄像头监测车辆周围的行人，系统利用图像处理算法进行行人检测和识别，以降低与行人的事故风险。系统检测到与行人碰撞风险时，向驾驶员发出警报，或采取紧急制动措施，这可以降低事故发生可能性。

环境感知

新能源汽车需要准确感知周围环境，包括道路状况、障碍物和其他车辆等。机器视觉可以通过摄像头和传感器获取环境图像，并利用图像处理和计算机视觉算法分析和识别环境信息，为车辆提供准确的环境感知能力。

随着自动驾驶技术的发展，机器视觉在新能源汽车中的应用将变得更加重要。

机器视觉可以实现车辆对道路、交通标志、障碍物、行人等环境信息的感知和理解，可以为自动驾驶决策和控制提供关键的数据支持。随着自动驾驶技术的成熟，机器视觉将在提高驾驶安全性、交通效率和乘坐体验方面发挥重要作用（图 5–2）。

图 5–2　新能源汽车的机器视觉为车辆提供了准确的环境感知能力

机器视觉的意义远非如此，它还可以提升高级驾驶辅助系统的能力，这可以提高驾驶员的驾驶体验和安全性；可以实时监测交通违法行为、识别事故风险，并及时发出警报或采取措施；可以用于交通流量监测、道路状况检测等智能交通管理系统中，提升交通流畅性和安全性；可以根据驾驶员和乘客的个性化需求提供更智能化的用户体验。

近年来，中国在新能源汽车的机器视觉领域取得了一些显著的成就，自动驾驶技术、高级驾驶辅助系统、智能交通系统、人机交互技术都取得了让世界震惊的成就。目前该领域仍处于快速发展的阶段，还有很多潜力和机会等待人们挖掘和探索。

新能源汽车的高精地图

新能源汽车的高精地图是一种精确细致的地图，专门用于支持自动驾驶和智能驾驶辅助系统。与传统地图相比，它具有定位精度高、道路信息详细、实时更新、三维环境建模和数据融合等特点。

高精地图可以为新能源汽车提供精准的定位和导航功能，可以支持自动驾驶系统的安全性和可靠性，是实现智能交通和未来出行的重要基础。

从技术层面看，高精地图在自动驾驶技术方面具有重要作用。它可以为自动驾驶系统提供感知补充、可驾驶区域划定、辅助控制、超视距规划和交通标志辅助识别等支持，从而显著提高自动驾驶的安全性。安全性是自动驾驶的首要原则，因此高精地图被视为 L3 及以上级别自动驾驶的必备元素。

从新能源汽车和自动驾驶技术渗透率来看，一些国家和地区通过政策和措施促进新能源汽车的推广和普及，这使新能源汽车在全球范围内的渗透率不断增加；而自动驾驶技术目前仍处于发展和测试阶段，商业化应用和大规模渗透还需要时间。然而，在特定地区和道路条件下，自动驾驶技术的限定应用在逐渐增加。例如，中国政府的《新能源汽车产业发展规划（2021—2035 年）》提出的 2025 年新能源汽车新车销售量达到汽车新车销售总量的 20% 左右的目标，实际上提前 4 年得到了实现。一些中国汽车制造商如蔚来、小鹏、理想、长城、比亚迪、吉利等生产的汽车已基本实现了 L2 级别的自动驾驶功能，它们正在加速推进 L3 级别的自动驾驶功能的实现（图 5–3）。与此同时，我们看到全球自动驾驶政策正在加速开放，这为 L3 及以上级别自动驾驶技术的落地铺好了路，德国、英国、美国、中国等都有了明确的技术指标。从辅助驾驶（ADAS）到 L3 及以上级别自动驾驶切换、从人类驾驶到计算机驾驶切换的时刻，高精地图实质上已处于爆发的临界点。

图 5–3　长城 VV6 目前已经具备 L3 级别的实力

L3 级别自动驾驶被视为一个重要分水岭，高精地图从非必需的配置转变为功能的质变，提升了用户体验和其价值。在数据更新和成本效益方面，创新的“真 · 一张图”生产方式变得显著。

“一张图”是指在自动驾驶系统中，标准地图为自动驾驶车辆提供从 *A* 点到 *B* 点的行车路线，一旦标准地图确定了路线，自动驾驶系统会根据静态和动态高精地图重新规划更精细的路径，包括并线的地点、以何种车速行驶可遇到绿灯、何处需要出匝道等，最终完成整个行程。

而“真・一张图”是指在自动驾驶应用中，生产过程也实现了一张图。传统的生产方式是将不同精度级别的地图（标准地图、车道级地图和高精地图）分别进行制作，然后利用道路关联的方式进行更新。然而，独立更新会导致数据的不一致性，影响应用体验甚至安全性，并且需要重复投入多个生产系统。

“真・一张图”的生产方式，将不同精度级别的地图集成在一张图中。这种方式可以避免数据不一致性的问题，提升应用体验，并减少重复投入。这种创新的生产方式对于高精地图的更新和成本效益具有重要意义。

例如，Apollo 汽车智能化解决方案包含智驾、智图、智云和智舱（图 5-4），其中智图是指包括标准地图、高精地图和动态孪生地图的百度地图。ACE 智能交通解决方案中“车路云图”四大支柱亦包含百度地图。

图 5-4　Apollo 汽车智能化的智驾、智图、智云和智舱

百度地图今年三月首创“一体化地图数据解决方案”，实现了上述 3 种地图的统一生产，解决了不同精度等级的地图数据独立更新带来的数据不一致问题。不仅如此，百度地图整体并入 IDG，其 C 端用户规模和“一张图”能力将为后者两大核心业务——Apollo 汽车智能化解决方案和 ACE 智能交通解决方案——带来极大的协同效应和产业势能。

新能源汽车的车联网

车联网是一个跨行业多领域深度交互的新型产业形态，涵盖通信、电子、汽车、交通和能源等领域。它基于专用 / 蜂窝通信网络，按照约定的通信协议和数据交互标准，连接 V（车辆）和 X（人、车、路）之间的大系统网络，实现智能化交通管理、智能动态信息服务和车辆智能化控制的一体化。

车联网通过连接人、车、路三要素，实现数据互通和信息共享，进而推动智能交通、智能汽车和智能驾驶等功能的实现。它不仅可以支持汽车感知更多信息和推进自动驾驶技术的创新和应用，还有助于构建智慧交通体系，推动汽车和交通服务的新模式和新业态的发展。

车联网的工作原理是车辆通过卫星导航系统、射频识别、传感器、摄像头图像处理等装置自动完成自身环境和状态信息的采集；通过互联网技术，将自身的各种信息汇聚到中央处理器后，对车辆数据进行进一步的分析处理。

无论是传统的 Telematics 还是现在的 V2X，车联网主要由管理平台、应用终端和第三方系统这三大模块组成。管理平台是车联网的大脑，统筹安排整体应用；应用终端是车联网的执行者，包括车端、用户端和业务端；第三方系统为车联网提供能源，使整个系统充满动力并变得更加丰富多彩。

要想让一个机体能动起来，除了大脑、四肢、能源外还需要一颗心脏。车联网的心脏就是装在车内的 T-BOX。

T-BOX 的全称是 Telematics Box，是装在车内的一个通信部件。T-BOX 的主要功能有两个。

T-BOX 通过无线通信，接收远程诊断或控制请求后，在 CAN-BUS 上发起诊断及控制命令。

T-BOX 获取相关 CAN 信号后返回云平台，云平台再返回数据到远程终端，实现远程诊断或控制。

这样车主就可以使用手机应用远程监控和控制他们的新能源汽车了。他们可以通过手机查看车辆的电池电量，确定是否需要充电，并且可以远程启动车辆的空调系统，提前调整车内温度，这为驾驶者提供了舒适的驾驶环境。

车联网技术使得新能源汽车的导航系统更加智能化。通过实时交通信息和充电站的数据，新能源汽车可以规划最优路径和充电计划，为驾驶者提供更加智能、高效的导航体验。它还可以提供关于充电桩的实时信息和管理功能。当汽车需要充电时，驾驶者可以使用车联网平台查找附近的充电桩，并了解每个充电桩的可用性、充电速度以及费用信息。驾驶者还可以通过车联网平台进行充电桩的预约和支付，以便规划充电行程。

为了实现车辆之间的联系，卫星导航必须加入（图 5–5），这使附近的车辆和道路都能加入该网络中。车联网技术使新能源汽车能够对上传到云端的行驶数据和能耗数据进行分析和挖掘。这些数据可以用于评估驾驶行为，例如加速度、刹车方式和能源消耗。车主可以通过车联网平台查看他们的驾驶行为评分，并根据评分改善驾驶习惯以节约能源和提高安全性。

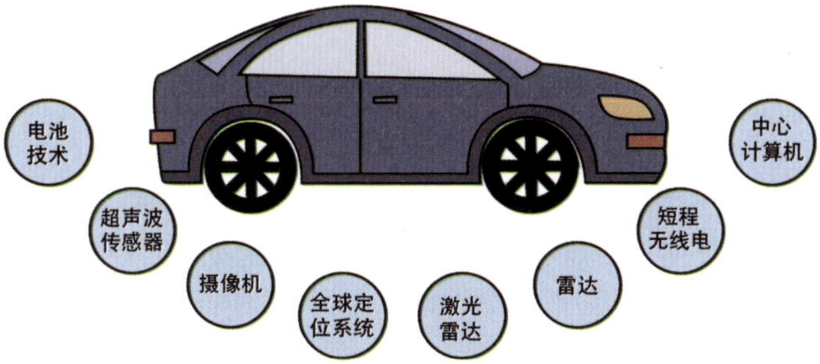

图 5–5　车联网智能化的导航系统

此外，车联网技术还有助于车辆的健康监测和维护。车联网系统可以实时监测新能源汽车的各种车辆参数，如电池状态、车辆温度、轮胎压力等。如果发现异常，系统可以发送警报并提供相应的建议，帮助车主及时处理问题，保障车辆的安全和性能。

这些例子只是新能源汽车车联网技术的一部分，车联网的应用还在不断发展和创新。通过不断推动车辆和互联网技术的融合，新能源汽车的车联网将为用户提供更加智能、便捷和个性化的驾驶体验。

车联网在新能源汽车上的应用非常活跃。这不仅促进了我国汽车行业的发展，还为多样化汽车的推广奠定了基础。新能源汽车的发展可以推动其他行业的进步和发展，尤其是在车联网的基础上的发展。对于我国汽车行业来说，车联网是一个重要的机遇，我们可以利用车联网技术为汽车行业的发展提供支持。

在我国，众多的新能源汽车企业不断创新着车联网技术。例如，大众汽车的车联网应用程序集成了苹果移动设备功能，使车主可以通过使用 Siri 语音命令与车辆进行互动。车主可以通过语音命令查询剩余续航里程等信息，Siri 会根据车辆的剩余油量或电量进行计算和回答。此外，大众汽车的信息娱乐系统还支持安卓系统、苹果系统和车联网系统，除了传统功能外，它还增加了距离警报和时间警报等功能。这些创新的车联网功能使得大众汽车的新能源汽车具有更高的智能化水平，为车主提供了更个性化、便捷化的服务，为车主带来了更多方便和愉悦的驾驶体验。

车联网在新能源汽车上的应用为用户提供了许多智能化的功能和服务，包括远程控制、智能导航、远程诊断和维护、充电桩管理和驾驶行为评估等。这些应用提升了驾驶体验、便利性和安全性，推动了新能源汽车行业的发展。

新能源汽车的智能芯片

芯片是一种常见的集成电路，它是通过将晶体管集成在硅片半导体上来实现的。随着集成电路技术的进步，晶体管的体积不断缩小，这使得更多的晶体管可以被集成在一个芯片上。

在芯片的发展历程中，最早的基于锗（Ge）的集成电路发明者是杰克·基尔比，而罗伯特·诺伊斯则发明了基于硅（Si）的集成电路。由于硅材料在制造成本和工艺上具有诸多优势，大多数半导体工业都采用基于硅的集成电路。

在许多场景中，通常将芯片、半导体和集成电路这三个术语视为等价的关系。新能源汽车赛道可以划分为两个时代：电动化是上半场，智能化则是下半场。当谈及智能化时，汽车创新的核心便是“动力引擎”发动机到“计算引擎”半导体的转移。这意味着在智能化的阶段，半导体技术扮演着关键的角色，为汽车带来了创新和发展。

汽车需要安全稳定运行，无论是在理论层面还是实践层面上，与手机芯片相比，汽车芯片的难度一点也不小。新能源汽车使用了许多芯片，每个关键零部件都包含一个小小的芯片。随着新能源汽车赛道进入智能化的下半场，围绕着自动驾驶和智能座舱等功能，新能源汽车的芯片需求也变得更加多样化（图 5-6）。

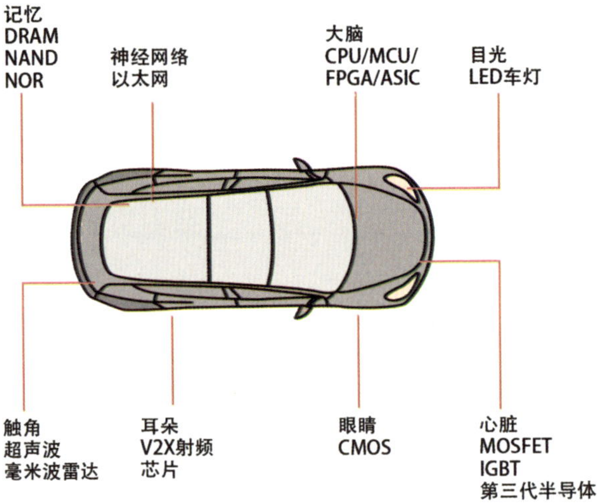

图 5-6　新能源汽车的芯片分布

新能源汽车上有多个类型的芯片。计算及控制芯片主要包括微控制单元（MCU）和逻辑 IC，用于计算、分析和决策。主控芯片和辅助芯片属于这一类别，它们是整个车辆系统的核心和大脑。此外，还有存储芯片、传感芯片、通信芯片、能源供给芯片等。

归结起来，一辆新能源汽车上的芯片主要分为智能座舱芯片和自动驾驶芯片两类。智能座舱芯片用于提供智能化功能和体验，包括车内娱乐、信息显示、车辆控制等。自动驾驶芯片则用于支持自动驾驶系统，包括感知、决策和控制等功能。

新能源汽车的 SoC 芯片是基于人工智能算法的芯片，主要依靠 GPU（图形处理器）来实现高性能计算和处理。这些芯片在新能源汽车中扮演着关键的角色，推动了车辆的智能化和自动化发展。

基于自动驾驶和智能座舱的 SoC 人工智能芯片是一辆智能汽车的真正大脑。目前，自动驾驶芯片和智能座舱芯片主要还是分离的，但融合它们是未来一个发展趋势。

此外，功率芯片（如 IGBT）是智能汽车的“心脏”。无论是引擎、驱动系统中的变速箱控制和制动，还是转向控制等，都离不开功率芯片的支持。功率芯片在电能控制和管理方面起着重要的作用，是确保车辆正常运行的关键组成部分。

智能座舱芯片，用于智能座舱系统，实现车内智能化功能和体验，包括信息娱乐、车辆信息显示和人机交互。它管理和处理座舱功能和数据，提供优化的用户体验和控制。智能座舱芯片集成图像处理、音频处理、人机界面控制和车载网络通信等功能，支持高清图像和视频显示、多媒体播放、语音识别和控制，与车辆系统和外部设备保持通信。智能座舱芯片推动汽车技术向智能化和互联化发展，为人们提供智能、舒适和便捷的座舱体验。

自动驾驶芯片，用于自动驾驶系统，实现车辆自主驾驶。它处理和分析感知数据，实现智能决策和控制，与车辆系统和外部环境保持通信。自动驾驶芯片集成图像传感器处理、雷达数据处理、激光雷达数据处理、位置和定位计算、机器学习算法加速等功能，处理大量感知数据，实现环境感知和障碍物辨识，进行决策和路径规划，控制车辆动作。自动驾驶技术不断发展，自动驾驶芯片不断创新，采用人工智能和深度学习算法等，提升了感知和决策精确度。功耗和热管理也是关注重点，以确保汽车稳定可靠运行。

我国汽车芯片的发展

我国汽车芯片发展前景广阔，但存在研发能力和产业链基础薄弱的问题，这导致汽车芯片严重依赖进口。此外，国际并购整合风起云涌，竞争加剧，发展壁垒亟待突破。不过，车联网、自动驾驶和新能源汽车为国内芯片发展提供了充足的空间。

为了推动中国汽车芯片产业创新，在科技部和工信部共同支持下，2020 年 9 月 19 日中国汽车芯片产业创新战略联盟成立了（图 5-7）。该联盟以“跨界融合、共生共赢、产业成链、生态成盟”为运营理念，联合产业链上下游共同组建。该联盟涵盖整车企业、芯片企业、汽车电子和软件企业、高校院所、研究机构和行业组织等各个领域。

图 5-7　中国汽车芯片产业创新战略联盟促进了产业的整合与协作

这样的合作联盟，促进了中国汽车芯片产业的整合与协作，加强了其研发能力，完善了产业链，提高了自主创新能力，从而减少了对进口芯片的依赖，并为我国汽车芯片行业的发展奠定了良好的基础。

2021 年 4 月，东风汽车集团公司旗下的子公司智新半导体有限公司，正式投产年产 30 万套功率芯片模块的生产线。该举措旨在打破国外对于这一领域的垄断。智新半导体有限公司研发和生产的汽车芯片模块被称为功率半导体模块（IGBT 模块），在新能源汽车的电控系统中扮演着核心角色。

这种模块的核心技术直接控制着全车的交直流转换以及高低压功率调节等功能，被形容为新能源汽车的“大脑”，具有重要的意义。

该生产线的投产将有助于提高国内对于汽车功率芯片的自主生产能力，减少对进口产品的依赖。这将进一步推动新能源汽车产业的发展，加强中国在汽车电控技术领域的自主创新能力。中国已经有比亚迪、智新半导体有限公司和斯达半导体股份有限公司等多家企业具备设计、研发和制造新能源汽车用电控制和驱动力系统用电芯片的能力。在过去几年的时间里，中国芯片销售量已经占据全球销售额的 10%，中国芯片产业的发展速度远远超过了其他地区。

在中国发展的过程中，许多人才从外企流向国内的民营企业，为国内企业提供了良好的机遇和窗口期。

新能源汽车的人机交互

新能源汽车的人机交互技术是指在汽车内部，利用人与车辆之间的交互方式，实现对车辆功能的控制和信息的获取。随着智能化技术的发展，新能源汽车的人机交互将进一步改进和完善（图 5-8）。

图 5-8　人机交互是新能源汽车的亮点

新能源汽车的人机交互主要包括下面的功能：车载信息娱乐系统、虚拟仪表盘、手势识别技术、语音识别与语音助手、智能驾驶辅助系统、移动设备集成等。此外，人机交互还可以通过声音、振动、光线等方式提供及时的警示和提示，帮助驾驶员注意到潜在的危险或异常情况；还可以提供丰富的信息和娱乐功能，提升驾驶员的舒适度和乘坐体验。通过车载信息娱乐系统，驾驶员可以获取导航指引、音乐、天气预报等信息，使驾驶过程更加轻松愉快。

人机交互的作用

安全性是人机交互的第一要素。新能源汽车通过人机交互实现了对车辆功能的控制和信息的获取，从而为驾驶员提供了安全感和信任感。以辅助驾驶中的自动变道为例，当系统开始控制车辆进行自动变道时，通过人机交互，车辆能够准确地在车机屏幕或仪表上重构出本次变道涉及的周边场景，如车道线、车辆位置、是否有障碍物等，并通过音频提示告知驾驶员当前正在进行变道操作。这样的人机交互方式能够让驾驶员清楚地知道车辆的状态和周围环境的状态，增强驾驶员对变道操作的感知，从而提升驾驶员对车辆行为的信任，提高驾驶的安全性（图 5–9）。

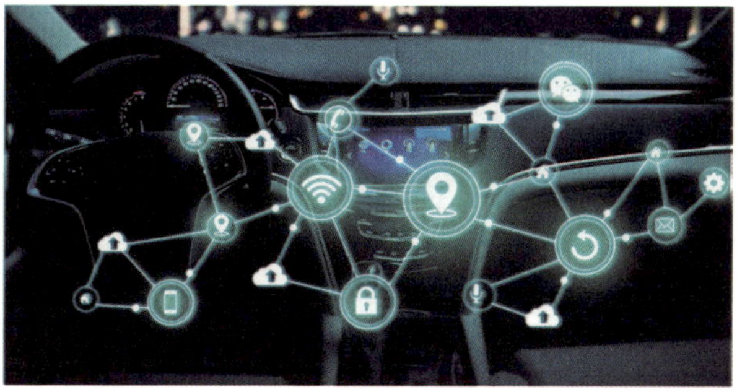

图 5–9　多态模式的人机交互为人们提供了安全舒适的车内环境

舒适性在人机交互中起着重要作用。自动驾驶功能能够为用户带来舒适感，主要体现在缓解驾驶疲劳和便捷使用功能两个方面，旨在让用户达到身心放松、舒适的状态，如自适应巡航控制（ACC）和交通拥堵辅助（TJA）等。当这些功能开启时，如果路况正常，驾驶员可以减少对车辆的过多关注；而如果遇到突发情况需要驾驶员关注，车辆会及时提醒驾驶员，使驾驶员不必时刻保持紧张的行车状态。在保障安全的前提下，这些功能为驾驶员提供了更舒适的驾驶体验。

语音交互功能是新能源汽车的标志。自 2011 年中国首个智能汽车“语音助理”概念出现以来，语音的智能化和语音交互在新能源汽车中的应用快速发展。小鹏汽车表示，未来车内交互的核心方式是语音而不是触控。

语音交互作为汽车座舱智能化的标志性代表，与各种应用相结合，成为座舱生态构建的核心功能。在高级别自动驾驶功能实现之前，“人机共驾”阶段驾驶员仍无法完全“解放双手”。在此阶段，语音交互仍然是最直接、人性化和安全的交互方式。语音交互技术的优势在于帮助驾驶员减少了对车内设备的手动操作依赖，提高了驾驶的安全性。

自动驾驶的多模态识别，是当前自动驾驶的重点。自动驾驶智能座舱深度融合了视觉、听觉和车内外场景图像的多模态生物识别技术。它不仅能听懂车内人员的指令，还能通过摄像头识别人的动作和表情，提供更智能化的服务，实现人机系统环境的融合。其中，驾驶员监控系统（DMS）通过车内非广角和广角摄像头识别驾驶员行为，并将识别结果传输到主控单元检测驾驶员行为。驾驶员行为检测系统将驾驶员的信息传递到人机交互界面，实现对驾驶员疲劳、分神等行为的监测，并通过文字或警报提醒驾驶员。这种多模态识别技术的应用为驾驶安全性和更智能的驾驶体验提供了新的可能性。

人机互动融合

近期，人机互动融合了 AI 数据（人工智能和机器学习的基础），在自动驾驶领域具有重要地位。与其他人工智能应用场景相比，自动驾驶的实际场景更为复杂。为了使汽车算法能够处理更多、更复杂的场景，我们需要大量高标准的数据作为支持，以满足实际应用需求。这些数据对于开发自动驾驶系统和训练模型至关重要，对于提高驾驶安全性和性能至关重要。

在我国，许多汽车制造商进行了有益的研发工作。小鹏汽车与 Unity 3D 渲染引擎深度合作，共同开发出应用了行业首个量产的基于 3D 用户界面（UI）的人机交互系统的小鹏 G9。该系统能够将真实世界以立体化方式投射到车辆的大屏幕上，这使用户坐在车内即可实时感知与位置相关的信息。

此外，小鹏 G9 还在 14.96 英寸的大屏幕上展示了虚拟的 3D 车辆形象。我们可以通过操控屏幕上的虚拟 3D 车辆来调整车身视角、切换远景等。通过点击虚拟 3D 车身的不同位置，我们还可以控制车窗升降，调节后视镜，打开行李箱等。这种交互方式为用户提供了一种有趣的体验。

欧尚 Z6 iDD 是一款插电式混动 SUV，除了出色的性能，它还具备引人注目的智能交互功能。该车采用了 OnStyle5.1 车机系统，为驾乘者提供了各种影音娱乐功能，使驾车旅途更加轻松和愉悦。无论是长途旅行还是日常驾驶，欧尚 Z6 iDD 的智能交互功能都能够为驾乘者带来更加丰富的娱乐体验（图 5–10）。

图 5-10　欧尚 Z6 iDD 的智能交互功能能够为驾乘者带来更加丰富的娱乐体验

欧尚 Z6 iDD 的车机系统支持手势识别，例如使用“OK 手势”可以切换至赛道模式，使用“胜利手势”可以拍照，而使用“比心手势”可以收藏歌曲。此外，车内配备三块大屏，可以随时切换导航信息，方便驾驶员获取路况信息。人脸识别系统可以记住用户的座椅位置、坐姿和车机账号，并监测疲劳驾驶，提升舒适性和安全性。令人意外的是，欧尚 Z6 iDD 还具备车外语音功能，人们可以在车外与车辆对话，这实现了音乐播放和灯光控制等功能，增强了科技感和乐趣性。

新能源汽车智能化竞争已经开始，尤其在智能交互领域，其重点仍然是人与车之间的交互。然而，在未来的智能交互中，最理想的状态可能是人、车和周围环境的交互方式完美融合。这意味着智能交互将更加全面和多样化，以实现更高水平的用户体验和驾驶效率。

新能源汽车的智能训练

新能源汽车的智能训练涉及自动驾驶的多个级别，从 L0 至 L5。美国汽车工程师协会定义了这些级别，用以描述车辆自动化程度的不同阶段。

Level 0（L0）无驾驶自动化：这是最基础的水平，车辆无任何自动化技术，完全依赖驾驶员的操作，如制动、转向。尽管车辆可能包含一些警报系统如稳定性控制和盲点警告，但驾驶员必须时刻保持完全控制。

Level 1（L1）辅助驾驶：在此级别，车辆具备某些驾驶辅助功能，如自适应巡航控制（ACC）和车道保持辅助系统（LKAS）。这些系统通过传感器和算法感知周围环境，辅助控制车速、方向和车道保持等。尽管车辆提供辅助，驾驶员仍需时刻保持警惕并准备接管控制。

Level 2（L2）部分驾驶自动化：在此级别下，车辆在特定条件下能实现部分自主驾驶，如控制车速、刹车、转向和车道保持等。驾驶员仍需监控车辆并在必要时干预。L2 级别的自动化系统比 L1 级别的更高级，但对驾驶员的需求依然存在。

Level 3（L3）有条件驾驶自动化：在 L3 级别，车辆能够在特定条件下完全自动驾驶，驾驶员可以将驾驶任务交给车辆，但在必要时需接管控制。该级别车辆能自主执行驾驶任务，但遇到复杂情况时需驾驶员接管。

Level 4（L4）高阶驾驶自动化：L4 级别的车辆可实现完全自动驾驶，但可能受速度或特定地理区域限制。在紧急情况或系统故障下，车辆可自行减速、靠边停车。这一级别主要应用于无人驾驶出租车或公共交通。

Level 5（L5）全自动驾驶：L5 级别是最高级别的自动驾驶，不需要驾驶员。车辆可以在任何条件下不限于特定位置或速度自主行驶。在 L5 级别下，驾驶员仅需设定目的地，享受旅程。

智能辅助驾驶是一种基于车载传感器、通信技术、AI 算法等技术的系统。其主要目的是提高安全性、舒适性和便捷性，为驾驶员和乘客服务。在新能源汽车领域，智能训练应用于提高驾驶安全性、舒适性和能源利用效率。自动驾驶和无人驾驶技术包含感知和辨识、决策和规划、智能充电管理、充电策略优化、充电设备调度、能源管理优化、路线规划、能量回收优化、用户体验和个性化服务、语音助理和人机交互等。

值得注意的是，上述自动驾驶级别只是一个参考框架，不同国家和地区可能有不同的定义。随着技术的发展，更高级别的自动化驾驶技术将实现更高程度的自主驾驶，甚至无须驾驶员干预。随着技术进步，新的智能训练应用将不断涌现，推动新能源汽车的发展。

2021 年被誉为智能汽车的开端，自动驾驶技术在这一年得到了前所未有的重视和投入。自动驾驶技术是指汽车通过电子技术来感知环境、规划路径，并自行控制车辆运行的技术。也就是说，这种技术能让汽车实现人类驾驶员的驾驶行为或完全自主驾驶。2021 年以来，主流造车新势力均在激光雷达方案的商业落地中提速。小鹏 P5、蔚来 ET7、智己 L7、WEY 摩卡、极狐·阿尔法 S、宝马 iX 等均宣布将在新车上搭载激光雷达。

我们可以很清晰地感觉到，汽车行业的底层逻辑正在发生转变。其重心从发动机、变速箱以及底盘的传统三大件，逐步转向了辅助驾驶技术。在智能化浪潮下，驾驶安全不再局限于驾驶者的主观驾驶，也包括智能驾驶辅助的被动安全保障。辅助驾驶就像人体的免疫系统，为出行提供了一层安全屏障。在现代社会，交通通行速度和范围已经达到极高水平，交通网络也变得更加复杂。智能驾驶不仅能逐步解放驾驶者的双手，还能为行车安全提供服务，进一步降低行车风险。

升级模型是一个功能，它定义了目标升级设备模型的基本信息和设备模型的升级能力。在全车升级过程中，由于涉及不同车型和 ECU 的匹配关系，所以升级模型通常能表现出一个车型下所有 ECU 部件的相互依赖性。这包括各个 ECU 部件之间的软件包匹配关系和升级顺序控制，这对升级任务在设备端的准确和完整执行至关重要。

此外，升级模型还包括升级规则的定义。升级规则描述了在升级流程中，需要满足哪些条件才能让升级继续进行。在全车升级中，这通常包括一个车型在升级下载前、下载中、安装前和安装中的各种判断规则配置。这些规则可以保证升级过程的顺利进行，防止因升级过程中的错误导致的设备功能异常。

首先是自适应巡航，作为最基本的智能驾驶辅助功能（图 5-11），它能让车辆在行驶过程中根据与前车的距离自动调整车速，并保持与前车的距离。例如，在早晚高峰时的拥堵路段，自适应巡航可以自动跟车，让驾驶者的腿从频繁的油门和刹车操作中解放出来。

图 5–11　自适应巡航是最基本的智能驾驶辅助功能

更高级别的功能是车道保持，它在自适应巡航的基础上，让车辆能够保持在标定的车道线内。这可以让驾驶员适当放松对方向盘的控制，特别是在长途高速路段，这可以有效减轻驾驶疲劳感。

目前流行的高级智能驾驶功能通过感知雷达和高精地图的结合，实现了智能导航功能。蔚来的 NOP、小鹏的 NGP 以及特斯拉的 NOA 都属于这一类。利用车辆上的各种传感器，在行驶过程中实时感知周围环境，收集数据并进行静态和动态物体的识别和追踪；结合高精地图数据，可以实现导航变道、汇入 / 汇出道路等多项功能。魏牌的“城市 NOH”通过激光雷达和高算力芯片，使车辆在复杂城市场景下具备了灵活应变能力，实现了高级别智能驾驶辅助体验，并将应用场景拓展到“高速 + 城市”的全驾驶场景。

智能驾驶正在逐步渗透到不同场景的驾驶行为中，以辅助或替代驾驶员完成驾驶任务，并提供更全面的安全保障。无论是最初的自适应巡航和车道保持功能，还是现在的自动泊车和“城市 NOH”等高级驾驶辅助功能，其目的都是保障每位交通参与者的安全和舒适体验。辅助驾驶可以说是通向未来全面自动驾驶的桥梁，可以实现人、车和交通网络的生态和谐。

方兴未艾的庞大家族

新能源汽车概说

新能源汽车是指使用非传统燃料（传统化石燃料以外的能源）作为动力源的汽车。这些动力源包括电能、氢能、太阳能、风能等。新能源汽车旨在减少对传统化石燃料的依赖，减少污染排放，促进可持续发展。

根据动力源的不同，新能源汽车可以分为纯电动汽车、混合动力汽车、燃料电池汽车等。除了这几种类型外，还有其他一些新能源汽车的变种和混合型。未来，随着技术的进步和发展，新能源汽车的种类和分类可能会不断调整。

发展新能源汽车的必要性

人类面临着世界范围内的能源危机、环境污染和气候变暖等巨大挑战，地球的生态系统已经遭到了严重破坏。以中国的能源情况为例，汽车消费的快速增长导致石油消耗的加速增长。据统计，目前汽车用汽柴油消费已占全国汽柴油消费的 55% 左右，每年新增石油消费量的 70% 以上来自新增汽车。国际能源机构预测，到 2030 年，随着越来越多的中国消费者购买汽车，中国将有 80% 的石油消耗需依靠进口。

越来越多的证据表明，人类活动是导致气候变暖的原因，而气候变暖主要是由于大量温室气体积聚于大气中，其主要成分是二氧化碳。如果我国采用一系列先进技术，包括电动汽车、天然气汽车以及以天然气为燃料的内燃机技术，到 2030 年，我国汽车二氧化碳排放总量有望降低 45%。

在能源和环境保护的压力下，新能源汽车已成为未来汽车发展的方向。大力推进传统汽车的节能减排和新能源汽车产业化，已成为 21 世纪汽车工业发展的热点。

发展新能源汽车是应对环境挑战、促进可持续发展、提升能源安全和推动经济增长的重要举措。它有助于减少环境污染，促进能源多样化和可持续利用，推动技术创新和经济转型，并改善城市交通和生活环境，具有非凡的意义。

新能源汽车能够减少环境污染。新能源汽车使用清洁能源，如电能或氢能，减少了尾气排放，可以显著减少空气污染和温室气体排放，有助于应对气候变化和提高环境质量。

新能源汽车的能源可持续利用。新能源汽车使用的能源更加多样化且更加可再生。例如，电动汽车可以通过电网使用来自可再生能源的电能，如太阳能和风能。这有助于减少对非可再生能源的依赖，推动能源的可持续利用。

发展新能源汽车可以减少对进口石油的需求，减少对国际能源市场的依赖，增强能源安全性，并提高国家的能源自主能力。

发展新能源汽车可以促进技术创新和经济发展。新能源汽车的发展推动了清洁能源技术的创新和进步，包括电池技术、氢能技术、充电基础设施等。这将带来新的经济增长点，促进绿色产业的发展，创造就业机会，并增强国家在清洁能源领域的竞争力。

新能源汽车的推广可以减少道路拥堵，减少停车空间需求，提高城市居民的出行体验和生活质量，有助于推动城市空间的优化。

面对全球范围日益严峻的能源形势和环保压力，近年来，世界主要汽车生产国都把发展新能源汽车作为提高产业竞争能力、保持经济社会可持续发展的重大战略举措。新能源汽车成为市场新的增长点。

新能源汽车发展现状

如今，新能源汽车的发展随时都在发生变化，这种趋势显示，新能源汽车在未来仍将继续快速发展，并在全球范围内占据更重要的地位。

为推动新能源汽车的发展，许多国家采取了积极的政府政策，包括购车补贴、减免税收、免费停车等，以及对充电基础设施建设的资金支持。一些国家还设定了新能源汽车销售配额和排放标准，以鼓励汽车制造商生产更多新能源汽车。国际汽车产业界已达成了电动汽车产业化战略共识，即纯电驱动技术将逐步占据主导地位，通过发展纯电动汽车和燃料电池汽车，实现石油消耗和二氧化碳排放的大幅度减少。一些国家如美国、德国、日本、法国在技术层面上已取得了重大突破。

我国高度重视电动汽车技术的发展，并采取了积极的政策支持。自2006年以来，中国的新能源汽车市场取得了突飞猛进的发展。

中国的新能源汽车市场发展以多家知名企业的贡献为特点，民营企业如蔚来、长城、比亚迪、奇瑞等，以及国有企业如一汽、上汽和广汽等都在新能源汽车领域取得了重要进展。此外，中国在电池技术方面也有显著的成就，宁德时代就是全球较大的锂离子电池生产商之一，其在电池技术和产能方面取得了重要突破，为中国和全球的电动汽车产业提供了稳定的电池供应。

我们仍面临一些挑战，其中包括核心技术竞争力相对较弱、企业投入不足以及中高端技术竞争的压力的逐渐增大等问题。为了应对这些挑战，中国政府已经提出多项战略措施。这些措施包括加大对核心技术研发的支持和投入，推动新能源汽车的市场化发展，加强对充电基础设施建设的支持等。

新能源汽车车型

新能源汽车有别于传统的燃烧汽油或柴油的发动机汽车，目前主要分为纯电动汽车、混合动力汽车、燃料电池汽车等。

纯电动汽车（BEV）完全依靠电能驱动，无须其他能源，可通过家用电源、专用充电桩或特定充电站进行充电，以满足日常行驶需求。

在混合动力汽车（HEV）中，油电混合动力汽车是常见类型。混合动力汽车包括普通混合动力汽车、插电式混合动力汽车和增程式混合动力汽车。代表车型包括比亚迪“唐”。

燃料电池汽车（FCEV）采用氢气和氧气的化学反应产生的电能驱动车辆（图 6–1），其结构基本与电动汽车相似，只是多了一个燃料电池和氢气储存罐。燃料电池汽车被认为是人类交通的最终解决方案。丰田 Mirai 是代表车型之一。

图 6–1　2014 年，丰田正式推出全球首批量产氢燃料电池汽车——丰田 Mirai

新能源汽车的技术路线

我国新能源汽车的技术路线主要聚焦于高度电气化的纯电驱动汽车。在“十二五”期间，中国采用“三纵三横”的基本研发布局，将纯电动、增程式和插电式混合动力汽车作为纯电驱动汽车的基本类型，独立发展燃料电池汽车，重点发展电池技术（包括动力电池和燃料电池）、电机技术（包括电机系统和一体化技术）以及电控技术（包括电转向、电空调、电制动和车网融合等）。

自主创新、核心技术瓶颈突破以及国际资源的利用，推动了纯电驱动汽车技术的转型和发展，促进了可持续交通领域的转型与发展。

新能源汽车的关键技术

新能源汽车的关键技术主要包括以下几个方面。

电池是新能源汽车的关键能源存储装置，影响着续航里程、充电速度和安全性。关键技术包括电池材料的研发、电池能量密度的提升、充电速度的提高以及电池寿命的延长等。

电机（图 6–2）是新能源汽车的关键动力装置，影响着动力输出、效率和驾驶性能。关键技术包括电机结构设计、磁场控制技术、高效率电机制造工艺等。

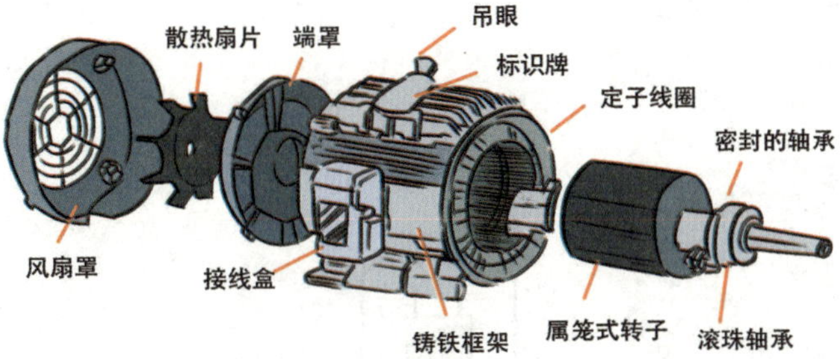

图 6-2 新能源汽车电机构成

充电技术是纯电动汽车和插电式混合动力汽车的重要支撑，影响着充电速度、安全性和充电设施的建设，包括快速充电技术、无线充电技术、智能充电管理系统等。

能量管理系统是优化能源利用、提高车辆能效的关键技术。它通过控制电池、电机和其他能源部件之间的能量流动，实现对能源的高效利用和优化调配。

车载电子系统包括车载电控系统、车载通信系统、智能驾驶辅助系统等，为新能源汽车提供了智能化、互联化和安全、性能等方面的需求。

车辆轻量化技术可以减轻车辆自重，提高能源利用效率和续航里程。关键技术包括新材料应用、结构优化设计和制造工艺创新。

新能源汽车还需要进行系统级集成和智能化管理，包括车辆与能源网络的互联、智能充电调度、车辆状态监测与诊断等。

这些关键技术的不断创新和突破将推动新能源汽车的发展，提高其性能、可靠性和实用性，进一步推动可持续交通的发展。

新能源汽车类别

新能源汽车涵盖多个类别，主要有纯电动汽车、混合动力汽车、插电式混合动力汽车、燃料电池汽车等。每种类别都有其独特的特点和应用。

纯电动汽车

这种汽车完全依靠电能驱动，无须燃油。它们通过电池存储电能，并通过电机驱动车辆。纯电动汽车具有零排放、低噪声和高效能的特点，适合城市出行和短途驾驶。

例如，特斯拉的 Model 3 和日产的 Leaf 都是纯电动汽车的代表。比亚迪 e 系列是中国知名的纯电动汽车之一。比亚迪 e6 是一款多功能纯电动汽车（图 6-3），具有较长的续航里程和宽敞的乘坐空间。北汽新能源的 EX 系列也备受关注，例如北汽 EX360 是一款紧凑型纯电动 SUV。小鹏 G3 是一款紧凑型纯电动 SUV，具有时尚外观和较长的续航里程，备受年轻消费者的喜爱。蔚来是中国领先的电动汽车制造商之一，该公司推出了多款高性能纯电动 SUV，如蔚来 ES8 和蔚来 ES6，这些车型在技术创新、智能驾驶和电池交换等方面均具备优势。

图 6-3　比亚迪 e6 是一款多功能纯电动汽车

混合动力汽车

这是一种结合了传统燃油发动机和电动机驱动系统的汽车。它们可以通过燃料驱动系统或电池驱动系统提供动力，两个系统根据需求和驾驶条件自动切换。混合动力汽车在燃油经济性和污染排放减少方面表现出色，适合长途旅行和多种驾驶条件。

丰田的普锐斯和本田的雅阁是常见的混合动力汽车。丰田普锐斯在中国市场拥有广泛的认知度和销量。这款经典的混合动力轿车以其燃油经济性和可靠性而著名。本田雅阁（图 6-4）是另一款备受消费者青睐的混合动力汽车。

图 6-4　本田雅阁（混合动力汽车）

燃料电池汽车

这是一种使用氢气和氧气的化学反应产生的电能驱动车辆的汽车。燃料电池汽车具有零排放、长续航里程和快速加氢等优势，但目前充电设施和氢气供应链的建设仍面临挑战。

丰田的 Mirai 和现代的 Nexo 是燃料电池汽车的典型代表。威马汽车是一家新兴的中国电动汽车制造商，致力于推动智能电动出行。这样的车型包括威马 EX6（图 6-5）和威马 EX5，以高品质、智能化和良好的驾驶性能而受到消费者的欢迎。

图 6-5　中国新能源燃料电池汽车威马 EX6

插电式混合动力汽车

这种汽车结合了混合动力汽车和纯电动汽车的特点，配备了电池组和电动机，可以通过充电桩或车载充电器来充电，也可以利用燃料驱动系统提供动力。插电式混合动力汽车提供了更长的电动续航里程，并在长途旅行时可以依靠燃料驱动系统。

例如，雪佛兰的 Volt 和沃尔沃的 XC60 是插电式混合动力汽车常见的例子。中国也在插电式混合动力汽车领域取得了一些进展。比亚迪"秦"（图 6-6）是一款插电式混合动力热销车型。它采用汽油发动机和电动机的组合，具有较长的电动续航里程和传统燃油车的便利性。除此之外，还有北汽 EX360 和北汽 EX5。这些车型具有较长的电动续航里程和强大的动力性能。吉利帝豪插电式混合动力汽车提供了更长的电动续航里程，并具有现代化的内饰和科技配置。上汽名爵是中国的知名汽车品牌之一，它的 eHS 插电式混合动力车型结合了燃油经济性和电动驾驶的便利性，备受消费者青睐。

图 6-6 比亚迪“秦”

这些新能源汽车类别的不断发展和创新，旨在减少对传统燃料的依赖，减少环境污染，并推动可持续发展。随着技术的进步和市场需求的变化，新的汽车类别和模式也会不断涌现。

智能汽车改变世界

按需定制

智能汽车的出现改变了人们的出行方式和习惯。例如，共享出行模式的兴起、智能汽车的无人驾驶技术和智能召车系统，使得人们可以更便捷地使用共享汽车服务，这减少了私人车辆的需求和交通拥堵。智能汽车的普及将对城市规划和社会结构产生影响。“按需定制”有两层意思，即用户根据需求向车企提出的定制方案和车企为消费者推出的“订阅”服务。

定制

在选择新能源汽车时，消费者可以根据自己的需求选择适合的车型，并在车型中选择不同的配置，如驱动类型、电池容量和性能等。消费者可以定制电池容量和续航里程，以满足对续航里程的需求。消费者能够根据自己的日常行驶情况选择适合的电池规格，权衡续航里程和成本之间的关系。例如，比亚迪的 e 系列纯电动汽车为消费者提供了不同容量的电池选项，如 e2、e3、e5 和 e6，消费者可以选择适合自己行驶需求的电池容量和续航里程。

新能源汽车的充电是一个重要的问题，因而，按需定制还可以涉及充电设施的选择和配置。例如，一些新能源汽车制造商提供不同类型和功率的充电桩，以满足消费者在家庭、办公场所或公共充电站的充电需求（图 7–1）。消费者可以根据自己的使用环境选择适合的充电设施。

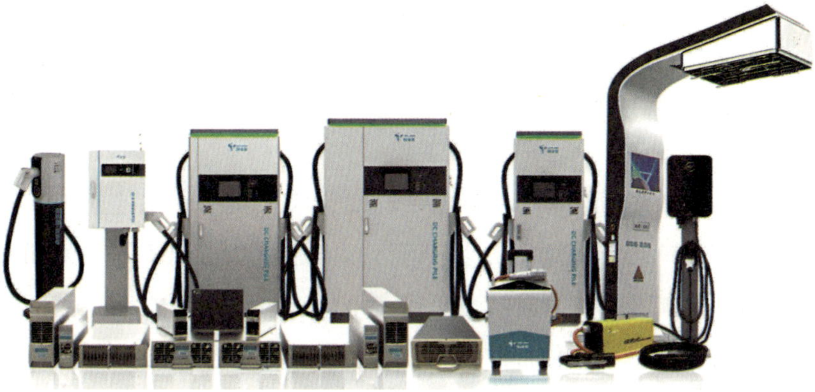

图 7–1　各种充电桩，为用户提供了选择

在新能源智能汽车领域，智能化和互联功能也可以根据消费者的需求定制。例如，一些新能源汽车配备了车联网系统，该系统可以提供导航、远程控制、车辆诊断和数据分析等功能。消费者可以根据自己的偏好和需求选择适合的智能化配置。

一些新能源汽车制造商提供外观和个性化定制选项，以满足消费者对个性化车辆的需求。消费者可以选择不同的车身颜色、轮毂设计、内饰材质和装饰等，以创造独特的车辆外观和内部环境。

定制座椅，如按摩功能和座椅加热 / 通风等选项，可以为消费者提供更加舒适和个性化的乘坐体验。至于内部布局，如座椅配置、储物空间和操控面板布局等，也是按需定制的内容。

新能源汽车制造商可以为消费者提供定制的充电设施和服务。这包括安装私人充电桩、提供充电服务的合作伙伴网络和智能充电管理系统等。消费者可以根据自己的充电需求和便利性要求选择适合的充电设施和服务，以提高充电体验和便利性。

消费者能够根据自己的需求和偏好选择适合的车型、配置和功能，以提高用户体验和满意度。按需定制使新能源汽车制造商可以满足消费者多样化的需求，并推动行业的发展和创新。

“订阅”

新能源汽车的“订阅”是指以“订阅”模式获得汽车使用权，而不是直接购买汽车。这种模式类似于租赁，但通常包含更多的服务和灵活性。不同的制造商和服务提供商可能有不同的“订阅”方案，包括付费模式、灵活的使用权、附加服务等。

“订阅”服务通常包含一系列额外的服务，例如保养和维修、道路救援、保险和充电设施等服务。这些服务可以帮助人们更好地管理和使用自己的新能源汽车。例如日产汽车推出的“订阅”服务，允许用户轻松访问日产的电动车型。用户可以通过每月付费的“订阅”服务，使用日产的电动汽车，如 Leaf 等。服务费用包括车辆租赁、保险、充电设施和维护等费用。

目前，中国和欧美的一些汽车制造商和服务提供商已经推出了新能源汽车的“订阅”服务，为用户提供了更便捷、灵活和可持续的出行选择。这种服务模式的出现使得更多人能够体验新能源汽车的优势，促使制造商不断创新和提升服务水平，以满足不断变化的消费者需求。

特斯拉的产品自 2016 年 10 月起，在出厂时已经预埋了 Autopilot 2.5 硬件，用户要想启用，需要花钱去购买相应的软件。除了 FSD 以外，特斯拉还发售了后排加热开通、加速提升、辅助驾驶功能扩展、电池容量解锁等一系列服务。

许多车企都为新能源汽车用户提供了“订阅”服务，以满足不同用户的出行需求。沃尔沃推出的“订阅”服务如下：用户可以以固定费用“订阅”沃尔沃的新能源车型。该固定费用包括车辆租赁、保险、维护和道路救援等费用，并且用户可以每年更换车型。

在国外，保时捷、奥迪凯、凯迪拉克推出的“订阅”服务，提供了多种不同级别的“订阅”计划，包括保险、维修和清洁等服务。

中国威马汽车的“威马驿站”、北汽新能源的“北汽 e 享家”、蔚来汽车的“蔚来蓝盾”等，也都相继推出了不同的“订阅”服务。这促使制造商不断创新和提升服务水平，以满足不断变化的消费者需求。

定制服务和“订阅”服务为新能源汽车用户提供了更灵活和便捷的出行方式，使消费者能够根据自己的喜好和需求打造独特的车辆。

城市移动空间

新能源汽车是城市的移动空间，从本质上说是全场景的智能化出行空间。先进的技术和智能系统，将智能化应用延伸到车辆的各个方面和不同场景，为用户提供了更安全、便捷、智能和个性化的出行体验。这不仅提升了驾驶的舒适性和效率，还推动了汽车行业的创新和发展。

新能源汽车的人机交互是指车辆与乘车人员之间进行信息交流和操作的方式。通过先进的技术和智能系统，新能源汽车为人们提供了更直观、便捷和智能的人机交互体验。人机交互通过触摸屏幕、语音控制、手势识别和增强现实等技术手段，使得乘车人员与车辆之间的交流更加便捷、智能和个性化。

例如，蔚来汽车配备了一套名为“NIO OS”的智能操作系统，该系统提供了丰富的人机交互功能。车载中央控制屏幕采用了 15.6 英寸的大尺寸触摸屏，提供了多个功能区域，包括导航、娱乐、车辆设置等。用户可以通过触摸屏进行操作，如调整座椅位置、切换音乐、调节车内氛围灯光等。蔚来汽车还搭载了一款名为“Nomi”的智能语音助手。驾驶员可以通过语音命令调整温度、打开车窗、切换驾驶模式等。“Nomi”还具备自然语言理解能力，可以进行智能对话和回答问题。此外，蔚来汽车还引入增强现实（Augmented Reality, AR）技术，将虚拟导航线和箭头叠加在实际道路上，以提供更准确的导航指引。驾驶员可以通过抬头显示器或者中央控制屏幕观看 AR 导航指引，准确判断道路行驶方向和下一个转弯点。

很多新能源汽车通过车辆软件升级不断增强其人机交互功能。用户可以通过云端升级使车辆获得新的功能和改进，这使得人机交互体验不断得到优化和升级。

在车辆的驾驶方面，新能源汽车通过搭载智能驾驶辅助系统，如自动驾驶辅助系统和自动泊车系统，实现了用户更安全和便捷的驾驶体验。这些系统可以通过感知和分析环境信息，进行自主决策和控制，提高驾驶的准确性和效率。例如，小鹏汽车搭载了一套名为“XPilot”的自动驾驶系统。该系统基于激光雷达、摄像头、超声波传感器等传感器技术，实现了高精度环境感知和自动驾驶控制。驾驶员可以通过车内中控屏幕操作系统选择不同的驾驶模式，包括自动驾驶模式和手动驾驶模式。在自动驾驶模式下，车辆可以根据交通规则和环境情况进行自主导航、车道保持、自动刹车等操作，这可以减轻驾驶员的驾驶负担。

新能源汽车还提供了全场景的智能化服务。基于车联网技术，车辆可以与周围环境和城市基础设施进行信息交互，实现智能导航、交通优化和充电桩查询等功能，提供更便利和高效的出行体验。例如威马 M7 通过 UWB 超宽带通信技术实现了全车 360° 感知、定位用户（图 7–2）。它能通过人工智能，自动识别用户的各种需求。比如车内驾乘者太热或者太冷时，它可以识别到这一需求，在驾乘者调节旋钮时，自动控制空调；而当它识别到用户调节音量的需求时，这一旋钮就会自动化身为“音量调节旋钮”。

图 7-2 威马 M7 通过 UWB 超宽带通信技术实现了全车 360° 感知、定位用户

新能源汽车的全场景自动驾驶辅助是指车辆在各种交通场景下，通过使用传感器、摄像头、雷达等设备，辅助驾驶员完成驾驶操作并提供安全保障。

例如百度的 Apollo 自动驾驶系统，是百度开发的全场景自动驾驶解决方案，包括感知、决策、控制等多个模块。它利用激光雷达、摄像头、毫米波雷达等传感器，实时感知车辆周围的环境，并通过高精地图和实时路况数据进行路径规划和决策。Apollo 系统还支持多种交通场景下的自动驾驶辅助功能，包括自动泊车、自动跟车、高速公路驾驶等。

新能源汽车智能化的前景非常广阔。随着技术的不断发展和创新，智能化技术将进一步提升新能源汽车的性能、安全性和便利性，推动整个汽车行业向更加可持续和智能化的方向发展。

能源应用升级

新能源汽车的能源应用升级通过改进电池技术、快速充电、能量回收和太阳能利用等手段，提升能源利用和用户体验。这些升级将推动新能源汽车在续航、充电速度和能源管理方面取得突破。中国、日本和欧美一些国家在新能源汽车领域有众多尝试和创新。

高能量密度电池

高能量密度电池的研发是新能源汽车领域的热点之一。固态电池、锂硫电池、锂空气电池、液氢燃料电池等技术受到广泛关注。

固态电池以固态电解质替代液态电解质，具有高能量密度和更快的充放电速度。丰田、LG 化学、宁德时代等公司在固态电池研发方面取得了进展。

锂硫电池利用锂金属或碳负极与硫正极之间的反应来储存电能，具有高能量密度潜力，能提供较长续航里程。Oxis Energy、南京金龙、

IBM 等公司对锂硫电池进行了研究和开发。

锂空气电池将空气中的氧气作为正极活性材料，具有潜在的高能量密度。然而，目前锂空气电池的研发仍存在技术挑战，如电池寿命和循环稳定性。IBM、Polyplus、英国剑桥大学等公司和研究团队在锂空气电池的研发上取得了进展。

液氢燃料电池作为一种新能源技术（图 7-3），在中国和欧美等地也有积极的进展。中国石油化工集团有限公司与中国航天科工集团有限公司合作开发了液氢燃料电池系统。该系统用于商用车辆，具有高能量密度、快速加氢和零排放等优势。

图 7-3　续航超 1 000 千米奔驰全新氢燃料卡车电池

快速充电技术

快速充电技术是当前人们关注的关键领域，旨在提高充电速度、效率和用户体验，推动新能源汽车的普及和发展。高功率直流快速充电技术、液流电池技术、快速无线充电技术和快速充电网络建设取得了显著进展。

高功率直流快速充电技术利用高功率直流充电设备，大幅缩短了充电时间。特斯拉、蔚来和比亚迪等公司推出了自家品牌的快速充电桩，并建设了大规模充电网络，为人们提供了高效快速充电服务。

液流电池技术通过可替换的液体电解液实现了快速充电。研究人员通过优化电解液配方和电池设计，实现了更快速充电。美国的 Ambri 公司致力于液流电池技术研发，他们开发了基于液态金属钠和硫电解液的液流电池，这种电池被称为“万寿纳米流体电池”。

快速无线充电技术利用电磁感应原理将电能无线传输给电动车辆，实现了快速充电。WiTricity 公司开发了基于磁共振原理的无线充电技术，该技术能够高效快速充电。蔚来公司的无线充电技术使用磁共振原理，在地面装置和车辆底座之间进行电磁感应能量传输，实现了无线充电，为电动车辆提供了便捷的快速充电服务。

全球各地积极建设快速充电网络，增加充电桩和充电站。中国国家电网推动了新能源汽车充电基础设施建设，包括快速充电桩网络。国家电网的快速充电桩网络覆盖了中国多个城市，为电动车辆提供了快速充电服务。这些进展将加速新能源汽车的发展，为用户提供便捷、高效的充电选择。

再生制动系统

新能源汽车的能量回收技术是利用制动能量和车辆行驶过程中的其他能量损失来进行能量回收和再利用的技术。

再生制动系统是新能源汽车常用的能量回收技术之一。当车辆减速或制动时，再生制动系统将制动过程中产生的动能转换成电能，存储在电池中供后续使用。这可以有效地减少制动能量的浪费，并提高车辆的能源利用效率。再生制动系统主要包括动能回收系统、超级电容器、热能回收系统等。

动能回收系统将车辆的动能转换成电能或储存起来的其他形式能量，然后在需要时重新利用。例如，车辆配备了 KERS 系统，通过回收制动能量和惯性能量，提高能源利用效率和续航里程。

超级电容器是一种高容量、高功率的电能存储设备，能够快速充放电。在新能源汽车中，超级电容器常被用于能量回收和释放。

热能回收系统利用发动机废热来产生额外的动力，或提供其他车辆系统所需的热能，通过收集和利用排气、冷却液等废热来提高车辆的能源利用效率。一些混合动力和燃料电池车辆采用了热能回收系统，以提高整体系统效率和续航里程。

太阳能动力学利用

新能源汽车的太阳能动力学利用是指利用太阳能来为电动车辆提供能量或辅助充电的技术。如太阳能车顶板、太阳能充电桩、太阳能移动充电车、太阳能补充充电系统等。

太阳能车顶板将太阳能电池板集成到车顶上（图 7–4），用于捕捉太阳能并将其转化为电能。这些太阳能电池板可以直接为车辆的辅助系统供电，如空调、车载电子设备等，从而减少对主电池的依赖。例如，特斯拉的 Model 3 配备了太阳能车顶板，它用于提供额外的电力支持。

图 7-4　太阳能动力车未来不可限量

太阳能充电桩是一种利用太阳能发电并将其转化为电能供电的充电设施。这些充电桩通常配备太阳能电池板，可以将太阳能转化为电能，为电动车辆提供充电服务。中国和一些国家、地区已经开始在公共区域或停车场建设太阳能充电桩，以推广太阳能动力学利用在新能源汽车充电领域的应用。

太阳能移动充电车配备了太阳能电池板和充电设备，可以提供移动式的太阳能充电服务。这种移动充电车可以在需要的地方停放，通过太阳能发电为电动车辆充电，为用户提供了便捷的充电解决方案。

太阳能补充充电系统通过车身表面的太阳能电池板捕捉太阳能，将其转化为电能补充到车辆的电池中。这种技术可以提供额外的续航里程，并减少对传统电网充电的依赖。

能源管理系统优化

新能源汽车的能源管理系统优化是指通过智能化技术和算法，对车辆的能源流动和利用进行优化和调控，以提高能源利用效率、续航里程和性能。能源管理系统优化主要包括动力分配优化、能量回收与再利用、充电管理策略、车辆能量效率优化、智能驾驶与导航优化等。

动力分配优化（图 7–5）：根据车辆的驾驶状况、路况和电池状态等参数，利用智能算法和预测模型，优化动力的分配和使用。中国电子科技集团有限公司开发了一种智能动力分配系统，该系统可以根据当前的驾驶模式和需求，合理分配电动机和燃油发动机的功率输出，提高整体效能。

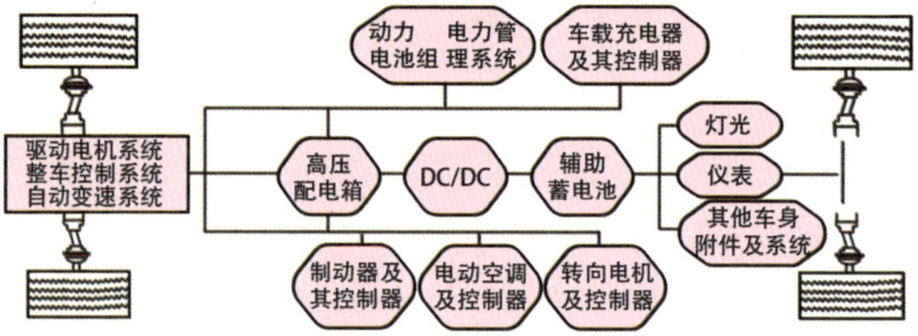

图 7–5　电机与电控系统在新能源汽车中的布局

能量回收与再利用：利用再生制动、惯性能量回收等技术，将车辆行驶过程中产生的能量进行回收和储存，用于辅助动力或提供其他车辆系统所需的能源，以提高能源利用率和续航里程。例如北汽新能源 EV 系列车型采用了再生制动和惯性能量回收技术。

充电管理策略：合理的充电管理策略对于提高插电式混合动力车辆和纯电动车辆电池的寿命和充电效率非常重要。优化的充电策略可以根据电网价格、充电需求和电池状态等因素，选择最佳的充电时间和方式。例如蔚来电动汽车配备了智能充电管理系统。这种优化的充电策略能够提高电池的寿命和充电效率。

车辆能量效率优化：优化车辆的整体能量系统，包括电机、电池、空调、供暖系统等，可以提高能量转换和利用的效率。小鹏汽车采用高效率的电动机、改进的电池管理系统以及优化的空调和供暖系统等能耗控制措施，提高了车辆的能量转换和利用的效率。

智能驾驶与导航优化：结合智能驾驶技术和导航系统，对车辆的能源管理进行优化。通过实时监测和分析路况、交通情况以及车辆状态等信息，智能驾驶系统可以提供最佳的行驶策略，以减少能量损耗和提高行驶效率。小鹏汽车的自动驾驶系统结合智能驾驶技术和导航系统，利用车辆传感器和实时数据分析，为车辆提供了最佳的行驶策略。

新能源汽车的能源应用升级不仅可以提升能源利用效率和环境友好性，还能够推动技术创新和产业发展，实现可持续交通发展的目标。它对于实现能源可持续发展、应对气候变化和改善人们的出行方式具有重要的意义。

5G 最大的应用场景

5G 是第五代移动通信技术，代表了第五代移动通信标准，旨在提供更快的数据传输速度、更低的延迟和更大的网络容量。5G 为许多新技术和应用提供了基础，包括增强现实、虚拟现实、物联网和自动驾驶等技术。它为各种行业和领域带来了更多创新和发展的机会。

5G 和新能源汽车

5G 对新能源汽车行业的发展起到了重要的推动作用，为其带来了许多潜在的好处和创新。

实时数据传输和车联网

5G 的高速数据传输和低延迟特性使得车辆能够实时传输和接收大量数据。这些数据涉及车辆状态、能源使用、电池管理、车辆位置等信息，有助于车辆的远程监控和控制。车联网结合 5G，使车辆能够与其他车辆、交通基础设施和云平台实时通信，提高了交通安全性和效率

（图 7-6）。

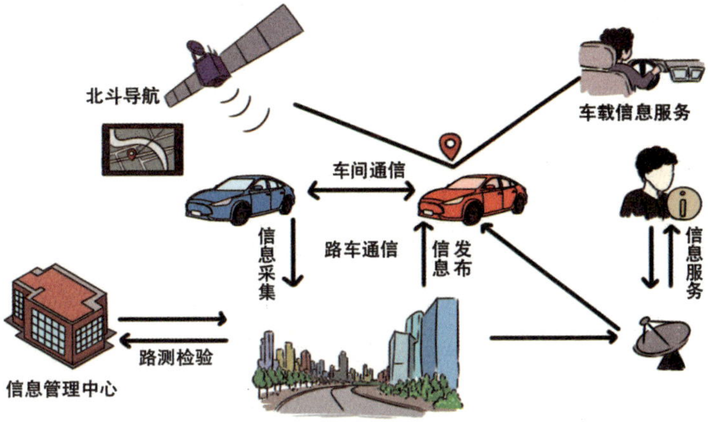

图 7-6 5G 在车联网中的应用

智能驾驶和自动化

5G 的低延迟对于智能驾驶和自动化至关重要。通过 5G，车辆可以实现更高级别的自动驾驶功能，包括感知环境、决策和控制。5G 的高速数据传输和实时通信能够支持车辆之间的协作和信息共享，提供更安全和高效的驾驶体验。

充电基础设施管理

新能源汽车的充电基础设施管理是实现其普及的关键。5G 可以用于监测充电桩的状态、能源供需平衡、支付和身份验证等方面。通过实时数据传输和车联网，5G 可以提供更高效的充电基础设施管理和充电服务，减少充电等待时间，并促进充电网络的发展和优化。

能源效率和智能能源管理

5G 可以帮助优化新能源汽车的能源使用和管理。通过与智能网格的连接，5G 可以收集能源供应和需求的实时数据，为车辆提供更智能的能源管理和优化策略。这有助于提高能源利用效率，减少能源浪费，并推动可持续能源的应用和发展。

5G 为新能源汽车行业带来了更高的智能化水平、更安全高效的驾驶体验以及更智能的能源管理。它对于推动新能源汽车的普及和发展，以及构建智能交通和可持续能源体系都起到了促进作用。

车联网和 5G

车联网是通过连接车辆、道路、人员和云端，推动新能源汽车产业向网络化和智能化升级的技术。它以车辆为核心，通过通信网络实现车与车、车与人、车与互联网、车与基础设施的全方位连接，提升汽车的智能化水平和自动驾驶能力，实现智能交通管理、智能动态信息服务和车辆智能控制。

车联网的核心技术是 V2X（车辆与一切物体之间的通信）。V 代表车辆，X 代表与车辆交互信息的对象，包括车辆、人员、交通基础设施和网络等。

车联网的工作过程包括感知层、传输层和应用层。感知层通过路侧和车载传感器、传感器网络等感知车辆行驶状态、驾驶环境和相对位置，获取内外部数据。传输层将感知层收集的数据通过通信网络传输到应用层。应用层则向用户提供智能交通、车载娱乐、车辆诊断和监控等服务。

车联网的发展可以分为车载信息服务、智能网联和智慧出行三个阶段，目前我们正处于智能网联阶段。这一阶段，通过 V2X 相关技术实现车辆和道路的协同，L2/L3 级别的自动驾驶成为市场主流，车载多媒体娱乐系统不断升级和丰富，包括游戏、车载应用程序 / 小程序、增强现实功能和网页浏览等。

车联网产业生态体系分为云端、管端和终端三个环节，由芯片制造商、传感器等零部件制造商、终端设备制造商、集成商、平台运营商、数据服务商和业务提供商等角色组成，是一个多元化的产业链。

车联网应用主要涵盖安全、效率和娱乐三个方面。车联网通过碰撞预警、电子路牌、红绿灯警告、在线车辆诊断和道路湿滑检测等手段，提供实时警示，提升驾驶安全性；通过城市交通管理、拥堵检测、路径规划、公路收费和公共交通管理等手段，改善出行效率，缓解交通拥堵；同时为人们提供餐厅、拼车、社交网络等娱乐和生活信息，提高生活便利性和娱乐体验。

车联网应用可提升汽车智能化水平和自动驾驶能力，构建汽车与交通服务的新业态。目前单车智能驱动成本高。应用车联网建立车路协同网络，通过网络数据传输提供远程感知，可以弥补单车智能不足，有效推动自动驾驶商业化（图 7−7）。

图 7−7　5G+L3 自动驾驶（广汽埃安 V）

车联网通过实时数据传输，提升了驾驶安全性、交通效率和缓解了拥堵。它实现了车辆、道路和道路之间的信息交流，将车路信息及时传递给车辆。结合车载感知、路侧感知和传感器融合，车联网可以轻松应对恶劣天气、遮挡和超视距等情况，提高自动驾驶的安全性和实用性。交通大脑通过收集和分析车路数据，可以确定最佳行驶路线，提高交通运转效率，缓解拥堵。据华为表示，车辆与道路的协同网络可预防 96%

的交通事故，提高交通效率到 15%。

车联网是 5G 的重要下游产业，5G 的低时延、高可靠性和高速率特性，可以弥补车联网和自动驾驶在通信网络方面的短板。以每小时 60 千米的速度行驶的自动驾驶汽车为例，若 5G 的理论时延为 1 毫秒，制动距离可缩短至 17 毫米，这提升了车辆的感知、决策和执行能力。

5G 助力车联网实现了四大功能。车辆编队通过周期性接收排头车辆数据，实现了自动跟随和车辆间距离缩小的目标；在高级驾驶中，车辆通过共享传感器数据，协调运动轨迹；扩展传感器通过数据交换，增强了车辆感知能力；远程驾驶实现了远程操控，适用于乘客无法驾驶或危险环境下的本地驾驶限制，以及公共运输等固定轨迹场景。这些功能推动了车联网和自动驾驶的发展，实现了车辆间的互联互通和智能化升级。5G 为车联网和自动驾驶应用提供了坚实的支持，为实现智能交通和出行提供了广阔的前景。

在中国和欧美地区，5G 在新能源汽车领域的应用已经取得了一些显著的进展。中国的蔚来汽车配备了 5G 通信模块（图 7–8），实现了车辆与云平台的高速信息传输。

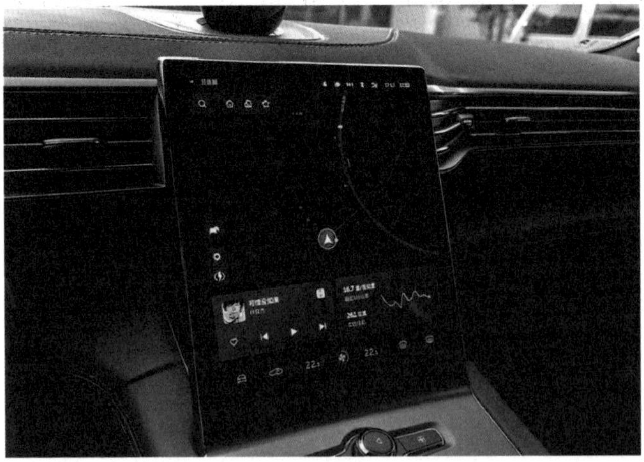

图 7–8　蔚来汽车的 5G 通信模块

新能源汽车的刹车系统

再生制动是新能源汽车独有的刹车方式。当驾驶员踩下制动踏板后，电动机转换为发电机工作状态，将车轮运动产生的动能转化为电能。这些电能通过逆变器和DC/DC变换器反馈至电池中，实现能量的回收和储存。再生制动可以减少对摩擦制动的依赖，提高能源利用效率，延长电池寿命，并在刹车过程中提供一定的制动力。

新能源汽车的刹车系统（图7–9）有时是机械制动和再生制动的组合应用。智能控制系统根据驾驶状况和需要，根据制动踏板力度和车速等信息，自动调节机械制动和再生制动的力度，以实现安全和高效的刹车效果。这种刹车方式不仅提高了能源利用效率，还减少了刹车磨损和污染排放，符合新能源汽车的环保理念。

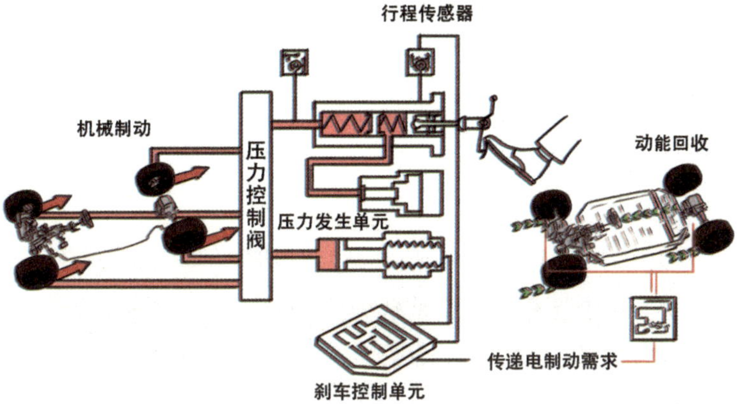

图7–9 新能源汽车刹车系统示意图

自动驾驶车辆的刹车系统与传统汽车的刹车系统有相似之处，但在实现自动化刹车时会结合更多的传感器和智能控制系统。自动驾驶车辆的刹车通常包括以下步骤。

感知环境

通过激光雷达、摄像头、雷达等传感器，自动驾驶系统实时感知车辆周围的环境和障碍物。例如，当自动驾驶车辆行驶在城市道路上时，如果传感器系统检测到前方有突然冒出的行人，自动刹车系统会立即做出反应并紧急刹车，以避免与行人发生碰撞。同样地，如果传感器检测到前方交通信号灯变为红色，自动刹车系统将根据车辆的速度和距离来调整刹车力度，确保车辆平稳停车。

信息处理

利用传感器获取的数据，自动驾驶系统会进行实时的环境分析和信息处理。举例来说，当自动驾驶车辆行驶在高速公路上时，传感器系统感知到前方有一辆车突然切入车道，自动刹车系统通过激光雷达和摄像头等传感器捕捉到前方车辆的位置、速度和距离等数据；融合算法将激光雷达和摄像头等传感器获得的数据进行整合，得到一个更准确的前方车辆信息；分析融合后的数据，识别出前方车辆的存在和与自己车辆的距离，判断其与自己的车辆之间的速度差；根据预设的刹车策略和安全规则，评估与前方车辆的距离、速度差和刹车距离等因素，决定是否触发刹车操作。

决策与执行

基于感知数据和预设的驾驶策略，自动刹车系统确定刹车的时机、力度和方式，通过电子刹车控制系统（EBS）做出减速或停车以避免与前方车辆发生碰撞的决策。在刹车执行过程中，自动驾驶系统会持续监控车辆的动态变化和环境状况，根据需要进行刹车力度的调整和优化，以确保刹车的安全和稳定。

简言之，自动驾驶车辆的刹车系统依赖于感知、决策和执行三个主要步骤，通过传感器、智能算法和控制系统的协同作用，实现安全、高效的刹车操作。

需要注意的是，自动驾驶车辆的刹车系统还与其他功能和系统相互协调，例如自动跟车、自动停车等。这些功能可以通过车辆间通信和车辆控制系统的整合来实现更高级别的自动化刹车操作。

新能源汽车刹车系统的发展

自动驾驶车辆的刹车系统在中国和欧美地区都积极发展。

中国在自动驾驶技术和刹车系统方面取得了显著的进展。比亚迪是全球领先的新能源汽车制造商之一，它的自动驾驶车辆采用了先进的刹车技术。比如，它的 DiPilot 自动驾驶系统通过电子稳定控制系统（ESC）来实现车辆的稳定和刹车控制，确保车辆在紧急情况下能够快速且准确刹车。此外，比亚迪还安装了电动刹车执行器和制动防抱死系统 (AABS)（图 7–10），提供了更精确的刹车力度控制，并可以防止车轮抱死。

图 7–10　安装了电动刹车执行器和制动防抱死系统的比亚迪“元”

欧美地区也在自动驾驶技术和刹车系统方面取得了重要的进展。特斯拉的自动驾驶系统 Autopilot 配备了先进的刹车技术，通过电脑控制刹车器官来实现刹车操作。它还引入了电动刹车执行器和预测制动系统，通过对车辆周围环境的感知和数据分析，实现智能刹车控制，适时提供刹车力度和反应时间，提高刹车的安全性和响应性。

无论是中国还是欧美地区，自动驾驶车辆的刹车系统都依赖于先进的传感器技术，如激光雷达、摄像头和毫米波雷达等，它们用于感知车辆周围的环境和障碍物。同时，智能算法和控制系统在决策和执行过程中起到关键作用，确保刹车的安全和稳定。

总的来说，中国和欧美地区都在积极研发和应用自动驾驶车辆的刹车系统，以提高车辆的安全性和响应性。通过结合电子刹车控制、稳定控制系统和先进的传感器技术，这些刹车系统能够实现快速、准确的刹车操作，确保自动驾驶车辆在紧急情况下安全停车或避让障碍物。

刹车，新能源汽车的闪光点，是这一次、下一次提速的开始！

在世界范围内，新能源汽车正以令人瞩目的步伐阔步前进。随着环境保护意识的提高和技术的飞速发展，新能源汽车作为一种清洁、高效的交通选择，必将成为未来的主流趋势。

中国的新能源汽车正在迅猛发展，为全球新能源汽车领域带来了越来越大的影响力，展现出令人骄傲的发展态势（图 7-11）。我们有理由相信，在汽车制造领域，中国的新能源汽车将发挥越来越重要的作用，必将实现真正的弯道超车，走向新的未来！

图 7-11　中国的新能源汽车展现出令人骄傲的发展态势